AF578068

Léo, mon petit chat doré

Abdelkarim Belkassem

Léo, mon petit chat doré

Roman

ISBN : 979-10-422-0383-2

Du même auteur

- *Deux Chats et les Hommes,* Éditions Le Lys Bleu ;
- *La Bête et le Boss,* Éditions ThoT, Polar/Prix du polar ABCD 2021 ;
- *La Marche des Harraga,* Éditions ThoT ;
- *Amina Zouri, une histoire du Maroc*, Éditions ThoT ;
- *La Mémoire de Saghir,* Éditions ThoT ;
- *Un Chirurgien à New York,* thriller, Éditions Le Lys Bleu ;
- *Thomas Sif Espace,* science-fiction, Éditions Le Lys Bleu ;
- *Mythomanies,* roman jeunesse, Éditions Le Lys Bleu ;
- *L'énigme du Hameau*, polar, Éditions le Lys Bleu ;
- *Le Lycée sans foi ni loi*, Éditions Thot ;
- *Dictons de Jaddati et expressions populaires du Maroc*, Éditions Le Lys Bleu ;
- *Maroc, les oubliés de la guerre 39/45*, Éditions Le Lys Bleu ;
- *La Sagesse des chats,* jeunesse, Éditions Le Lys Bleu ;
- *Arthur, la Seine, Violette et moi,* récit, Éditions Le Lys Bleu ;
- *La Seine des crimes,* polar, Éditions Le Lys Bleu ;
- *Le portier des chats,* Éditions Le Lys Bleu ;
- *Le joueur d'oud,* Éditions Le Lys Bleu.

L'arrivée de Fifi

Nous disons toujours que les animaux sont plus fidèles et plus doux que les humains !

Ils accompagnent les hommes et les femmes sans faire de différence.

Un chat ne trahit jamais son maître ! C'est le contraire pour ce dernier qui l'ignore quand il ne veut plus s'amuser avec lui ou qui l'abandonne au bord de la route.

L'homme est un traître par instinct et le chat est un animal attaché, par instinct aussi !

Mon histoire avec les chats, en France, a commencé en 2004 quand j'ai posé mes valises dans mon pays d'adoption. Les chats m'accompagnent depuis.

Ils pansent le mal-être subi par l'absence de mes proches et de mes amis, après avoir quitté ma ville natale pour une autre, inconnue, avant de rencontrer la femme qui m'accompagne, elle aussi, dans la vie.

J'avais 40 ans et cet âge-là est celui de la maturité, de la responsabilité. Le cerveau fonctionne à pleine capacité.

Ensuite, la vie devient différente. On ressent l'importance de vivre et de profiter de ce qui reste, car l'enfance, l'adolescence, l'âge de la folie sont terminés !

Les amis sont rares et les chats prennent une place dans notre vie, quand nous n'avons personne d'aussi attachant qu'eux.

L'histoire a commencé avec une petite chatte de passage. Elle se montrait à la fenêtre côté jardin, au sud ou passait la porte entr'ouverte.

Quand elle franchissait le portail côté rue, elle circulait dans l'allée à pas feutrés.

Le silence est un moyen de survie !

Un chat n'apparaît jamais n'importe où, à n'importe qui. Il se présente à quelqu'un en qui il a confiance, avec qui il a envie de se lier.

Ses sens de chat lui donnent un avantage !

Il entend mille fois mieux que nous. Ah l'oreille féline ! Surtout l'oreille, il n'y a pas plus sensible aux bruits, qu'un chat ! Et il voit mille fois mieux, de jour comme de nuit.

La petite chatte « douce », son surnom, vient en souplesse en prenant le temps de s'approcher. À quatre pattes, au ras du sol et elle baisse le regard quand le maître la fixe.

Elle avance silencieusement, calmement, attentive à tout. On dirait qu'elle est en chasse !

Quand un chat sent sa proie, il rampe, pas après pas, sans aucun bruit.

Pour nous, le chat est souvent discret, sauf quand il fait tomber des assiettes dans la cuisine. Quand il fait du bruit, ce n'est pas un acte manqué, ni une bêtise mais un geste pour attirer l'attention. Il signifie qu'il est présent et qu'il veut quelque chose, souvent à manger dans sa gamelle.

Le chat sait que son maître lui donnera ce qu'il ne peut pas chaparder tout seul.

On oublie que le chat n'ouvre pas les boîtes et ne peut pas se servir, comme il veut. Il est dépendant de nous qui avons la capacité de préparer et de cuisiner des mets pour eux comme pour nous.

Le chat fait ce qu'il peut, sinon, il se manifeste pour alerter son maître.

Il ne réclame pas toujours en douceur. Parfois, il y met toutes ses forces et réagit violemment pour que son humain soit attentif. Surtout quand il a confiance en son maître et qu'il semble considérer qu'il doit le gâter.

— Tu me donnes ce que je réclame ! Alors on est ami. Tu ne me sers pas, nous devenons des ennemis et tu souffriras avec moi…

C'est le comportement du chat. Du moins ce qu'on peut interpréter de ses réactions. Il utilise des attitudes semblables aux nôtres !

Et on dit qu'un chat n'a pas de sentiment et que l'homme lui impute son propre ressenti… de l'anthropomorphisme.

Je pense que le chat, lui aussi, sait ce qu'il fait quand il quémande puisqu'il utilise les mêmes gestes pour répondre à sa faim.

Peut-être qu'instinctivement il n'y a pas de différence, entre lui et nous !

Vivre chez les chats

Avant les hommes, il y avait les animaux !

La science n'a pas réussi à résoudre l'énigme sur qui était le premier sur cette planète ou qui a pris la place de qui ! Ce dont on est sûr, c'est que les créatures vivantes, dont les chats, étaient présentes des milliards d'années avant nous.

C'est sans doute pour ça qu'à chaque fois qu'on arrive quelque part, on trouve des chats habitant là avant nous. Ils sont là, toujours là, et personne ne peut les déloger.

Le chat fait partie de la nature, comme les arbres et les plantes. Leurs graines sont semées et il suffit d'un brin de vie pour qu'ils se développent.

On dit que les chats habitent des égouts et des terriers. Ils n'ont même pas besoin d'une maison pour s'abriter mais ils ne refusent pas le confort. Comme les hommes, ils aiment être des rois dans leur environnement.

Dès notre installation, un chat arrive de nulle part !

On dit, au Maroc, que le chat est un djinn. Il apparaît et disparaît à son gré. On le voit partout et, parfois, il ressemble tellement à un autre qu'on dirait que c'est le même n'importe où on va.

On devient fou à voir et à entendre des chats. Très malins, quand ils voient quelqu'un arriver de très loin, ils se faufilent entre les plantes ou dans les ruines et se cachent. Parfois, un chat fuit son maître, quand il ne veut pas être approché.

C'est un enfant gâté ! Il commet des bêtises et se protège pour ne pas être puni.

En faisant mon jogging, je rencontre toujours un chat noir. Même couleur, même tête, même silhouette que le mien.

J'hésite longtemps avant de l'appeler.

« Minouch, minouch »...

C'est le nom que je donne à tous mes chats. C'est ainsi qu'on les nomme au Maroc. Je ne sais pas ce que signifie le mot, mais je peux préciser que c'est commun à tous ces petits félins.

Dans mon pays natal, on ne donne pas de prénom aux animaux, car on croit que ça ne se fait pas. Par tradition, c'est un enfant qu'on prénomme et un animal n'a pas cette valeur dans la société orientale.

L'humain vaut plus que tous les êtres sur terre et au ciel. Même les anges sont moins valorisés que l'homme.

Mais être dévalorisé ne signifie pas qu'on peut maltraiter les animaux.

Ce sont des ordres donnés par Dieu dans ses livres sacrés.

« La victime est questionnée devant Dieu, sur la cause de sa mort, le jour de la résurrection. »

Ce qui signifie qu'il ne faut pas tuer un animal, qui ne parle pas pour se défendre et sans avoir de preuve qu'il a fait du mal.

Un musulman doit bien traiter l'animal. Devant Dieu, l'animal a la même valeur que l'humain et si on le maltraite, c'est un péché.

Le Prophète de l'Islam a dit « Qu'une femme est entrée au paradis, non pas pour ses prières, mais parce qu'elle a donné à manger à une chatte. »

Une autre est entrée en enfer parce qu'elle avait enfermé un chat jusqu'à ce qu'il meure de faim.

Si elle ne voulait plus de lui, elle devait le relâcher dans la nature. Il était capable de chercher, par lui-même, sa nourriture.

Si on est le maître d'un animal, on doit être à la hauteur de la responsabilité, car le jour des comptes, on paiera pour le bien, comme pour le mal fait. Comme c'est le cas pour les humains.

C'est l'homme le colonisateur qui doit tout faire pour laisser une place vitale à l'animal, que ce soit un chat ou autre. Lui donner sa part de nourriture et d'eau car sans elles, il n'y a pas de vie.

C'est pour ça qu'on a habité chez les chats à notre arrivée à la maison. Nous étions de nouveaux voisins pour les félins qui vivaient dans cette belle nature arborisée !

On n'a pas fait comme les autres qui ont abattu les arbres et fermé les passages. On a laissé la nature prendre sa place et on ne se protège que de ceux qui nous font du mal, humains ou animaux.

De nos jours, l'homme est un poison pour l'homme, plus que l'animal, y compris les serpents !

On a vu passer beaucoup de chats dans notre jardin. Ils viennent de loin, très loin car le chat peut faire des de kilomètres pour trouver ses repas. De bons plats qu'il aime, des souris, des viandes laissées de côté et ce que l'homme généreux peut offrir à une pauvre bête.

Les chats ne volent jamais quand on les nourrit. Ils réclameront par la suite après avoir compris que la personne est attentive à eux.

Par contre, l'homme est voleur par nature, quand on lui donne quelque chose, il la cache dans sa main gauche et tente, avec la main droite de prendre ce qui reste. Comme s'il était frustré de ne pas tout recevoir. Et si on est généreux et donne sans compter, il prend tout et nous laisse démunis. L'homme aime dominer, par contre un chat aime partager. Et quand un chat apporte un cadeau, un mulot ou un petit oiseau qu'il a chassé, c'est qu'il fait une offrande.

Il ne se tromperait pas s'il était en Chine où on mange les rats. Par contre au Maghreb ou en France, c'est une nourriture qu'on laisse à l'animal qu'il soit un chat ou un serpent.

Le Gars et La Fille

Ce sont les deux surnoms donnés aux premiers qui ont squatté nos lits et nos canapés ! Les chats qu'on a adoptés.

Ils étaient différents des autres qui venaient, mangeaient et partaient. Eux, par contre, Le Gars et La Fille s'installaient chez nous.

On voyait ces petites têtes apparaître timidement à la porte d'entrée ou à la fenêtre. C'était l'été et il faisait chaud, tout restait ouvert.

— Voilà, les deux bêtes, dis-je à ma femme.

— Laisse-les entrer ! Venez !

Elle était partante, moi je ne l'étais pas. Un animal est un être vivant et devient une responsabilité. Quand on l'adopte, il faut s'en occuper.

On les a appelés Le Gars, pour le mâle et La Fille pour la petite femelle, bien sûr ! Chaque jour, ils passaient une patte au seuil de la maison. Ils regardaient attentivement et dès qu'on bougeait, ils reculaient et prenaient la fuite. Ils étaient donc proches de chez nous.

Un chat, c'est très intelligent et patient !

Quand il aime quelque chose et qu'il en a envie, il n'hésite pas à prendre le temps qu'il faut pour l'obtenir. Il peut rester des heures, des jours et des nuits près d'un trou, s'il sent qu'il y a une souris à capturer. Il se tapit, sans bruit, et rien n'indique à sa proie qu'il est là ! À part l'odeur…

On dirait qu'il se camoufle !

Le chat est un grand chasseur et prédateur comme tout animal, un lion ou un tigre, un serpent ou un chien ! Des animaux qui ont la chasse et ses techniques dans le sang, comme on dit. Il est instinctif, sans aucun doute.

Un bébé humain ne peut survivre, après sa naissance, si sa mère ou sa nourrice ne le soutient pas en le nourrissant, en le gardant au chaud ou à l'ombre et en l'entourant affectivement.

Un animal est capable de subvenir à ses besoins, une fois sevré, seul, sans sa maman ou de compagnie. L'animal est capable de vivre longtemps sans nourriture et sans qu'on s'occupe de lui, instinctivement, alors que l'humain est le plus faible animal sur terre.

C'est un miracle de la nature pour ceux qui ne croient pas ! Le signe d'une force qui nous prend entre ses mains et nous berce pour qu'on aime la vie.

La petite chatte « Fifille », comme on l'a appelée ensuite, ou la Fille était la plus courageuse. Elle passait en premier avant Le Gars. Ce dernier lui obéissait ou l'imitait au moindre mouvement.

Quand elle avançait, il s'y mettait, lui aussi et quand elle reculait, il en faisait autant.

Elle était aimable, gentille, légère, comme disait Violette et c'est vrai !

Quand on la prenait dans nos mains, on ne la sentait pas. Comme si elle ne pesait rien. Peut-être pour ne pas gêner, elle devenait une plume.

Elle baissait la tête et se laissait faire. Jamais agressive et ne sortant jamais ses griffes !

Je n'ai aucun souvenir de griffures, bizarrement !

Chez les autres, le jeu de griffes domine. Il n'y a pas un endroit ignoré pour éviter le mal.

Le Gars et la Fille étaient encore des chatons quand ils ont débarqué ! On les a emmenés chez le vétérinaire, il a calculé leur âge, 3 mois au moment de leur arrivée chez nous.

On ne sait pas d'où ils sont venus. De chez les voisins, disons, mais lesquels ?

Je disais qu'un chat est capable de faire des kilomètres pour chasser et chercher à manger. Ils rendent aussi visite à leurs copains ! Ils se baladent pour rencontrer d'autres chats et pour avoir suffisamment de nourriture.

Les expériences de savants spécialisés ont démontré qu'un chat est capable de parcourir 40 kilomètres par jour, dans son environnement.

Il fait le tour des dizaines de fois Il passe le temps dont il n'a pas la notion et ne reste pas enfermé si c'est un chat d'extérieur. Il apprécie de changer de lieu et de maison.

Le chat aime avoir de l'espace pour se nourrir et pour bouger sans concurrence mais il adore la compagnie.

Les chats vivent dans un lieu où leur nourriture est garantie et quand ils se sentent menacés, ils sortent les griffes et montrent leurs canines.

Tout le temps, on entend miauler férocement dans notre jardin ou chez les voisins. Il faut séparer les chats pour qu'ils ne se blessent pas !

Si on laisse faire, on paiera des frais importants chez le vétérinaire, sans savoir si les autres chats sont vaccinés…

Il suffit de payer la nourriture, cela me coûte déjà assez cher.

Certaines personnes ont des difficultés pour se nourrir, comment peuvent-ils assumer la nourriture de chats dont ils se sentent obligés de s'occuper ?

Certains demandent à la SPA de l'aide pour leurs chats dont ils ne veulent pas se débarrasser en les confiant aux refuges.

Un chat est comme un être humain. Comme un proche. C'est quelqu'un de la famille ! Un enfant dont on ne peut pas se séparer.

Quand ils perdent un chat, certains maîtres passent des semaines à pleurer ! Ils offrent même de dignes funérailles à leur animal. C'est ça, aussi la vie en France et en Europe.

On ne peut qu'aimer ces petites bêtes pleines de douceur et qui nous rendent ce qu'on fait pour eux avec de l'amour et de la présence. On n'est jamais solitaire, quand on a un chat !

Adoption de La Fille

Les deux bêtes allaient et venaient au début puis elles ont montré qu'ils étaient chez eux. Elles sont restées du matin au soir dans le jardin.

On les découvrait dans l'herbe, sur ou sous la table, sur le toit de la véranda ou de la maison.

Quand elles nous entendaient préparer les repas, elles cavalaient pour voir ce qui se passait dans la cuisine.

On entend les bruits d'ouverture de porte. Clac, clac… Doucement et sans dégâts !

Les deux chats veulent être adoptés sans énerver les maîtres de maison. Ils se comportent agréablement.

— On ne peut que les aimer ! dit l'une des voisines, quand on lui parle des petits visiteurs du jour.

— Si seulement Monsieur acceptait qu'ils soient les nôtres ! dit Violette.

Je ne veux pas de chats. De plus, à qui sont-ils ? Et s'ils ne sont pas adoptés ailleurs, ce sont des responsabilités !

Il faut les nourrir chaque jour. Leur préparer une place pour dormir et prévoir une litière. Poser une chatière pour qu'ils sortent à leur gré. Sinon, jour et nuit ils grifferont et miauleront à la porte.

À en perdre le sommeil pour nous !

Les chats sont pires que des enfants rois…

Ils aiment manger quand ils veulent, dans un restaurant cinq étoiles. Les chats n'acceptent pas toujours les mêmes repas, ils choisissent ce qu'ils veulent ainsi que le parfum du plat.

Du poisson, des viandes bovines, de lapin, de poulet…

Au Maghreb, on fait avec ce qu'on a. Quand on n'arrive même pas à soigner les humains, l'animal passe en second et encore !

La seule chose qu'on a pour l'animal, c'est la prière. On prie celui qui l'a créé pour qu'il ait pitié de lui et le guérisse.

Même pour l'homme, il n'y a que la prière. On ne trouve pas de quoi le soigner, même pour un bobo. Ne parlons pas de graves maladies, de cancer ou autre. C'est la fin pour celui qui souffre.

C'est culturel de faire des adieux quand on entend parler de grave maladie. Et avant c'était mieux qu'aujourd'hui.

On avait des dispensaires de quartier et l'hôpital public gratuit. Aujourd'hui, tous les lieux de soins sont payants, même l'hôpital pour les médicaments et les actes médicaux.

En plus du bakchich pour être reçu en premier. Sinon, on attendra des semaines, et donc la situation s'aggrave.

On fait ce qu'on peut avec l'humain et avec l'animal !

Ce n'est pas par méchanceté ou par négligence, car la maltraitance des animaux est mal vue, au Maghreb, comme ailleurs dans le monde.

Par intérêt aussi. Si quelqu'un veut vendre un animal au souk et qu'il y a des traces de sévices, personne ne l'achètera.

Les animaux aiment sans condition et les humains, eux, posent les leurs pour donner de cet amour qui est instinctif chez l'animal. Il ne peut faire autrement qu'aimer les autres, par contre l'humain fait le commerce avec ses sentiments.

— Je t'aime mais il faut donner !

L'amour humain est souvent artificiel et c'est pour ça que les gens disent que l'animal est plus fidèle.

— Ne dis pas ça au Maroc ou dans le monde musulman, car c'est une insulte. Quand on signifie à un homme qu'il est un animal, on le maltraite et ça peut coûter très cher, selon les situations !

Les hommes et les animaux vivent dans un même monde mais chacun selon ses règles. Un chat reste près de son maître, même à l'extérieur, au jardin ou ailleurs !

L'animal est présent et sait tout sur ses humains, ce qu'il sent et ce qu'il fait. Une capacité très pointue que nous n'avons pas.

Nous nous adaptons aux deux chats Le Gars et La Fille. Nous les cherchons quand ils sont invisibles. Parfois, nous posons de la nourriture dans le jardin pour qu'ils viennent.

Le plat à peine disposé, les deux félins sortent de nulle part. C'est pour ça qu'on dit que l'animal paraît quand il veut. Il disparaît de la même façon. Ce n'est pas de notre choix et surtout avec les chats. Ils sont partout chez eux et le maître, celui qu'ils ont adopté !

Les enfants de la maison

Toujours avec gentillesse et malice pour séduire, les deux chats avancent un pas de plus chaque jour, jusqu'au fond de la maison et dans le cœur de ses habitants.

On ne dit jamais non, à un chat ! C'est lui qui mène le jeu.

Bien sûr, les chats ont de la sensibilité, et peut-être plus à la nature et aux hommes.

Il n'y a pas de différence entre le comportement d'un chat pour se préoccuper de sa progéniture, et le nôtre.

Dès que la chatte donne naissance, elle s'occupe de ses chatons jusqu'à ce qu'ils deviennent autonomes.

La Fille était très courageuse et Le Gars suivait le mouvement. Toujours méfiants, même après des mois.

Quand le maître avance, elle recule et quand il recule, elle avance !

Et puis, un jour :

— Je veux de toi !

Le chat est près d'elle, lui aussi. Il l'épaule et la protège. Parfois, cela s'inverse, elle le « couve ».

Le Gars était plus cool, plus zen, comme on dit. La petite chatte était plus enveloppante et amicale, même plus. Ses regards sont intenses et elle nous rend amoureux d'elle !

Nous nous sommes concertés pour leur trouver une place pérenne sous notre toit. Il y a assez d'espace mais il faut bien les accueillir. Il faut accepter deux chats. Comme on dit toujours, l'amoureux est un aveugle, il ne voit pas les défauts. Il se réveille quand il est trop tard.

Au début, il voit sa bien-aimée comme une gazelle et dès qu'il se met en ménage, chacun voit en l'autre des travers.

— On dirait quelqu'un d'autre !

C'est à ce moment-là que les difficultés de la vie se majorent et que les amoureux deviennent les pires ennemis. Chacun lance la pierre à l'autre et ne cherche qu'une occasion pour l'humilier.

Le mois de miel devient rapidement le mois de goudron amer.

Il y en a qui n'attend pas le mois, mais seulement une semaine. Parfois, même une nuit.

Une femme a divorcé après la nuit de noces !

Dès qu'elle est entrée dans la maison, il est sorti par la fenêtre ! Disons que son mari a su que son épouse était en relation avec un invité au mariage.

Avant d'adopter un chat, il faut bien réfléchir. C'est une union. Une vie à trois.

C'est déjà difficile de trouver des compromis à deux alors à trois, n'en parlons pas !

Dès qu'on signe le contrat, les deux chats seront les enfants de la maison, il n'y aura plus de retour. Un chat ne divorce pas comme une femme, mais il se moule, se façonne au lieu. C'est chez lui et quand on le chasse, il ne comprend pas. On lui dit de dégager, il avance confiant.

Il ne sait pas ce qu'il faut faire. Ce n'est pas comme l'homme méfiant de tout et de rien, qui accepte la déception. Le chat ne sait pas ce que c'est, tout lui est bénéfique pour la vie entière.

Une maîtresse a voulu chasser son chat, parce qu'il avait commis une bêtise. Le chat a reculé, a montré son énervement, prêt à attaquer. Un petit saut, il a griffé la femme au visage. La maîtresse s'est retrouvée aux urgences pour des points de suture.

Quand on voit ça de près ou de loin, on peut se poser la question de l'engagement. Un chat est un animal sauvage et le reste toute sa vie. Même s'il est doux, il ne l'est pas forcément avec ceux qu'il ne connaît pas ou qui lui font du mal.

Ses griffes sont cachées mais prêtes à sortir pour chasser l'ennemi, qu'il soit humain ou animal. Il faut tout prévoir !

La loi n'autorise pas la maltraitance contre les vivants, hommes comme animaux. Il faut se comporter avec un chat comme avec un enfant. C'est un membre de la famille de plein droit !

Il faut le nourrir et le soigner !

Il ne doit pas rester enfermé par contrainte dans une cage ni un placard !

On doit s'organiser pour le bien-être de l'un et de l'autre.

S'il y a un « enfant » gâté, en France et en Europe, c'est Monsieur le chat ! Ne parlons pas de Sir le chien ! Pour ce dernier, c'est encore plus visible.

Un homme de 80 kg est entraîné par un chien de 30 kg, au mieux de sa force, et si vite que le maître tombe au sol et se blesse.

Le chien tire à droite et l'homme tire à gauche. Chacun choisit sa direction. Qui gagne ? Ce n'est pas le maître qui commande…

Pour avoir un chat ou un chien discipliné, il faut demander les conseils d'un comportementaliste pour animaux. Vétérinaire, psychologue, toiletteur !

Encore faut-il avoir de quoi nourrir ses enfants et ses animaux domestiques.

C'est pour ça que Monsieur « J'en veux pas » refuse ces compagnies !

— Celui qui en a le désir, qu'il assume ! dit-il.

Et a-t-il raison, oui ou non ?

Un animal est une responsabilité, ad vitam aeternam. Un enfant grandit et s'émancipe, mais l'animal reste enfant à vie.

Un de mes professeurs de langue française disait des Occidentaux qu'ils étaient un monde de chiens.

L'amour pour les chiens et les chats est plus fort que pour un être humain et c'est désolant pour un Oriental !

Un très beau chat, Le Gars

L'hôtesse de la maison a succombé au charme de la petite chatte mais l'hôte aime le grand chat.

Ce tigré très grand et très haut sur pattes me séduit. Son regard couleur de verdure est captivant. On dirait un tigre.

Quand il s'assoit sur ses pattes arrière, il fait penser à la statue d'une des pyramides des pharaons.

Ce n'est pas un chat nu égyptien, il est poilu et beau et altier. On a cru, au début que les deux chats sont frère est sœur !

Mais d'où viennent ces deux beautés ?

Le Gars et la Fille seraient-ils les chats de voisins ? Comment pourrions-nous le savoir ! Les chats rôdent en nombre dans le jardin. Ils viennent et repartent. Parfois, on entend leurs miaulements quand ils s'appellent entre eux. Parfois, nous les croyons en bagarre et nous courons les séparer.

Parfois, on dirait des pleurs d'enfant ou de quelqu'un en danger. C'est là que je comprends pourquoi ma mère déteste les chats. Ils lui font peur quand ils crient de douleur ou comme des humains !

On dirait qu'ils parlent. Je veux dire comme nous.

— Wa wa wa wiiii.

Ils utilisent leur langage, bien sûr. Mais parfois, on pourrait les comparer à nos dialogues. On dirait Dracula sorti la nuit de pleine lune pour chercher une victime et la vider de son sang ! Pire qu'une chauve-souris.

Ensuite, nous avons su que les deux chats n'appartenaient pas aux voisins mais qu'ils étaient nés d'une chatte errante qui nous a laissé ses chatons une fois sevrés. Une chatte qui habitait notre garage, indépendant de la maison. Elle avait de quoi manger et boire dans les gamelles des hérissons.

Le jardin était déjà habité avant l'arrivée des chats adoptifs !

Les hérissons vivaient là, avant même notre arrivée. Ils se cachaient sous les tas de bois et de feuilles et apparaissaient à la fin du gel.

Ce sont de petits animaux discrets, toujours à l'écart des humains. Ils sont protégés en France.

On les voit sortir dès que le soleil se couche et que le jardin s'assombrit. Il est exceptionnel qu'ils se promènent durant la journée. Même tard parfois, l'hiver.

De temps en temps, j'ai vu de petits hérissons en plein jour. Je pense que c'est une anomalie car l'hiver, même s'il fait beau, les autres hibernent dans leurs cachettes.

Voir un petit hérisson en vadrouille nous interroge. Est-il malade ? Manque-t-il de réserves de graisse pour se tenir au chaud durant toute la période d'hibernation ?

On peut comprendre les conséquences de cette retraite hivernale quand on voit des ours, au printemps avec une trentaine de kilogrammes en moins !

Les graisses sont consommées et même les petites pattes de « nos » amis sont amaigries.

Nous posions des plats de croquettes au poulet, surtout pas au poisson, dans le jardin pour aider les hérissons à se nourrir et nous ne traitons pas le jardin contre les limaces.

Une action sensible, même si donner de la nourriture aux animaux sauvages semble une aberration.

Il faut aussi rester à distance pour qu'ils conservent leurs caractéristiques. Nourrir un hérisson apporte une proximité avec nous, ce qui le met en danger.

Des personnes malveillantes peuvent leur faire du mal. Ils peuvent aussi être percutés lors de leurs promenades nocturnes par des voitures.

Au Maghreb et surtout au Maroc, ils sont consommés. Les campagnards les chassent ainsi que des lièvres et des lapins de garenne, la nuit à l'aide d'un sloughi, un lévrier arabe. Les Bédouins reviennent à l'aube avec des centaines de hérissons vivants et des proies transportées dans des charrettes ou sur le dos des ânes.

Le hérisson est apprécié des Orientaux qui s'en servent aussi en remède contre beaucoup de maladies.

Ils le préparent pour la cuisson, comme un poulet ou un lapin après des étapes sadiques telles que le frottement sur une pierre pour lui faire sortir la tête.

En Europe, ce temps est bien loin. C'est devenu un animal de proximité et rien d'autre.

Chez les Maghrébins, c'est le contraire, c'est un remède contre les refroidissements et les difficultés sexuelles. Comme les Chinois avec les cornes de rhinocéros.

On dit que la viande, après avoir été chassée et moulinée, dans le mahraze, est une pilule de viagra qui rend un homme puissant comme un cheval !

Chez nous, ils sont en paix, personne ne les touche. Ils vivent dans la tranquillité.

Malgré tout, ces petites bêtes restent méfiantes ! Dès qu'elles entendent des vibrations du sol, des bruits de pas ou autre, elles commencent à courir.

Je croyais le hérisson lourd et lent comme une tortue. Mais non, il est très rapide. On le voit au sol et si on l'éclaire, il s'arrête. Dès que la lumière s'éloigne, il fuit à toutes pattes. On dirait qu'il a disparu Envolé ! On cherche partout et on ne le trouve plus. Il faut patienter un long moment avant qu'il ne réapparaisse.

Le hérisson est capable de se défendre et de piquer avec ses aiguilles dorsales.

Aucun animal n'ose s'y attaquer. Dès qu'il sent la piqûre du hérisson, il fuit très loin de lui et ne se frotte plus. Le hérisson ne bouge même pas, il a confiance en ses piques. Il suffit qu'il se roule en boule et attende que l'adversaire batte en retraite.

Aucun animal n'ose avaler un hérisson. Il se retrouverait la gorge et les intestins déchiquetés.

Les chats, eux aussi, gardent leurs distances. Ils aiment bien s'amuser avec eux, mais de très loin. Dès qu'un chat le touche, il a mal plusieurs heures, les yeux abîmés ou la tête et la peau remplies d'épines cassées qu'on nettoie chez le vétérinaire.

Les chats peuvent en mourir.

Nos hérissons jouent à cache-cache avec nous. Dès que nous nous promenons dans le jardin, les hérissons disparaissent et dès que nous rentrons, ils continuent leur balade toute la nuit et nous les admirons de la fenêtre.

Parfois, j'ouvre le portail et je me trouve face à l'un des hérissons qui traverse la route ou qui revient à la maison après ses courses dans les jardins alentour.

Il suffit d'un petit trou dans le grillage du portail ou d'une petite ouverture pour qu'un hérisson se glisse d'un jardin à un autre. Ils sont comme les chats, sans frontière !

Ils vont où ils veulent. Et les hommes civilisés sont conscients que les hérissons sont chez eux partout !

Alors qu'ils se barricadent pour interdire aux étrangers de passer le seuil de leurs propriétés, ils ne peuvent pas l'interdire aux animaux. Ils étaient là avant ces humains !

Ce sont les hommes qui pensent qu'ils sont chez eux. Pourquoi font-ils leur loi et empêchent les animaux de se balader sur leurs terres ? La nature est là pour les vivants tels que les hérissons, les chats, les biches, les sangliers, les oiseaux.

L'homme, par bêtise, a créé les frontières pour les hommes comme lui, les animaux s'en moquent ! Cette loi n'est pas pour eux…

Un chat passe la journée chez le voisin et la nuit, il reste chez lui, sur son tapis ou dans son panier. Il est partout chez lui. Surtout s'il est aimé.

Les hérissons aussi. Quand on vit en pleine nature et qu'on l'aime ainsi que les vivants, on apprécie ce cadeau de leur présence.

On a partagé le jardin avec cinq hérissons et on s'est retrouvé après quelques années, avec une quinzaine de hérissons et beaucoup de croquettes à leur offrir !

Les hérissons vivent et meurent, comme les humains. Une belle vie de liberté et un jour, on trouve une dépouille.

Ils partent très loin et quand ils sentent la fin, ils reviennent pour mourir, là où ils sont nés !

Comme on les aime tant, les chats et les hérissons, on fait tout pour les soigner mais on ne peut pas les protéger de la mort. Celle-ci est un maître que personne ne peut vaincre. Petites bêtes, chats et hérissons vivent sûrement une belle vie !

Les hommes prennent plus que ce qu'ils donnent aux animaux. Des moments de bonheur et de joie.

Ils soignent leur âme et leur esprit avec cette belle compagnie. Ils ne regrettent rien ce qu'ils ont offert et acceptent le départ se ses compagnons du quotidien.

On apprend beaucoup de choses avec la fin d'un animal. La vie est courte alors il faut la vivre pleinement !

Il est bon de donner ce qu'on a dans ses mains, car ce qui est sur terre restera sur terre. Et à notre propre départ, le bien terrestre nous servira là-haut.

Soyons heureux de ce qu'on a l'expérience de vivre. La vie est un don précieux et un honneur.

Les animaux sont fidèles aux lieux et aux maîtres. Des êtres complets, il ne leur manque rien, sauf que nous ne comprenons pas ce qu'ils disent. Un monde mystérieux fascinant.

Le Gars est parti mais La Fille est restée

J'aimais le gros chat tigré et j'avais envie de l'adopter. Mais le destin en a décidé autrement !

La Fille est restée et Le Gars a disparu. Où est-il parti ? Personne n'en a la réponse.

Les chats se déplacent tout le temps et fréquentent une maison puis l'autre. Personne ne peut garder un chat qui ne le veut pas.

À ce moment-là, Le Gars et La Fille n'étaient pas encore nos chats ou ne nous avaient pas encore adoptés. Car l'adoption, chez les chats, vient d'eux, d'abord.

Le maître propose et le chat dispose, et c'est la volonté du chat qui domine.

On a donc découvert que les deux chats sont nés dans notre garage. La mère, sans maître, a trouvé notre garage ouvert, vide et silencieux. Personne ne l'y dérangeait.

Comme nous ne nous servons pas de ce garage ni des meubles, la chatte a trouvé ce qui lui fallait. Des matelas, des armoires, des tables, des chaises et des coussins. Tout ce qu'il faut pour une belle sa vie et celle de ses bébés.

Hors du garage, des plats de nourriture à volonté ! Et de l'eau.

Je donne plus que la nature. En été comme en plein hiver et tous les chats du quartier passent par ce jardin. Un éden pour eux.

Quel que soit le nombre de chats, le jardin est assez grand pour les accueillir.

Ils attendent chacun leur tour comme dans un restaurant de grand chef de bonne renommée. Je suis très généreux avec ceux qui viennent nous rendre visite.

Ce que cherchent les chats c'est de la nourriture. Même plus. Différents parfums !

Mais comme la vie n'est pas toujours un long fleuve tranquille, la mère a disparu et nous a laissé les deux petits. C'est ce que nous avons compris.

Ils avaient donc trois mois quand nous avons pris conscience de leur existence.

Ce n'était pas facile de les remarquer puisque de nombreux chats passaient tous les jours. On les croit du voisinage, on ne leur prête pas attention puisqu'ils ne réclament rien.

Mais Le Gars et La Fille n'ont pas fait que passer… Ils vivent là.

Ils connaissent leurs maîtres et s'approchent d'eux pour leur dire :

— Merci, nous sommes reconnaissants !

Avec des regards pleins d'amour et de tendresse. Du moins je l'imagine !

C'est ce qui a attiré notre attention et qui nous a décidés.

Le Gars est disparu et on n'a plus eu de ses nouvelles ! La petite chatte arrive, mais seule.

— Où est-il ? Que lui est-il arrivé ?

Sa disparition nous a fait mal surtout à moi qui aimais ce grand mâle.

La Fille s'est installée dans la maison et a pris sa place sur un fauteuil. Maintenant, elle n'a plus peur. Elle s'approche et fait des câlins. Puis elle a commencé à miauler et à réclamer. C'est le signe que la chatte est devenue la reine. Elle fait sa commande au lieu d'accepter ce qui est dans le plat. Elle veut aussi des caresses.

Elle n'aime pas la nourriture exposée à l'air. Il faut la renouveler. Qu'elle sorte juste du sachet, bien parfumée et bien présentée.

Elle choisit ses menus… Nous sommes à ses pieds, euh, à ses pattes, ébahis.

On devient les serviteurs de nos chats. Celui qui aime ne compte pas !

Les oiseaux se sont envolés

Au début, les repas n'étaient pas pour les chats mais pour les premiers habitants du jardin, les descendants des dinosaures, les petits volatiles que sont les oiseaux de notre jardin. Eux aussi sont partout, à un vol d'oiseau, comme on dit ! Ils choisissent où ça leur plaît et la maison qui les gâte.

J'étais étonné de voir tant d'oiseaux ! Puis j'ai compris que lorsque je pose la pitance, les oiseaux arrivent de partout. Les uns appellent les autres avec, sans doute, un chant spécifique.

Leurs vocalises sont magnifiques et les oiseaux nous réjouissent par leur rapidité. Ils volent à droite, à gauche et volettent pour prendre les graines dans la mangeoire.

Méchants quand il s'agit de survivre. Chacun pour soi et Dieu pour tous, selon le dicton. Les mâles chassent les femelles et les femelles chassent tous leurs congénères. Ceux qui n'arrivent pas à se placer restent éloignés et s'il s'agit d'oisillons, les mères et les pères, chacun leur tour, apportent des graines jusqu'à leur bec !

C'est l'instinct maternel et paternel pour les petits qu'il faut protéger. La nature est parfois rude et les prédateurs à l'affût.

Dès que les chats se sont installés dans le jardin, on ne voyait plus d'oiseaux picorer au sol. Ils restaient sur les arbres et descendaient manger quand aucun chat n'était présent. Surtout le rouge-gorge.

Quand j'ai réalisé ce phénomène, j'ai accroché des mangeoires le plus haut possible sur les branches. Aucun chat ne grimpe et n'attrape d'oiseaux.

Ces derniers sont très malins ! L'instinct de vie leur dicte leur comportement.

Ils viennent en groupe et quand certains mangent, les autres montent la garde. Survie des animaux…

C'est étonnant combien l'animal a plus de discipline que celui qu'on appelle, un être humain, soi-disant l'animal le plus intelligent sur terre.

Avec le temps, les savants changeront leur point de vue par rapport à l'animal. C'est l'homme qui est le plus animal pour dire le plus bête !

L'homme, le plus idiot des deux, prouve qu'il n'apprend rien de l'Histoire.

Après les guerres du Moyen-Âge et les deux grandes guerres mondiales, voilà, la troisième guerre mondiale qui se profile et le pire c'est qu'elle est nucléaire.

— L'homme sera l'animal qui met fin à la vie.

Cela donne encore une idée de sa bêtise.

Je me souviens des paroles du philosophe Schopenhauer qui considérait son chien plus noble que l'humain.

Il exprimait son indépendance et que sa vie n'aurait pas été ce qu'elle était s'il n'avait pas son animal.

— Mon chien est transparent comme du cristal… S'il n'y avait pas ce chien, je n'aimerais pas vivre… La vue de tout animal me réjouit et exalte mon cœur !

Il a laissé ses biens en héritage à son chien.

Les oiseaux sont bien plus fidèles à leur instinct que l'humain ! Qui, pourtant est un animal instinctif. Il devrait vivre en faisant le bien, mais il a réussi le triste challenge de transmettre le mal, autour de lui.

L'animal est un exemple pour l'homme et il le restera. Des leçons à apprendre.

Comme dit Platon :

— L'homme est un bipède sans corne ni plume !

Notre amour des petites créatures de la forêt, c'est notre vie d'avant. Au paradis, comme au temps où nous étions comme des oiseaux, libres ! Ou comme les félins en pleine nature.

Les chats eux aussi, sont des diables, dans ce qu'ils mijotent !

Plus les oiseaux se regroupent pour surveiller leurs prédateurs, plus les chats se positionnent pour être au plus proche des oiseaux, au plus haut dans les arbres.

Les chats s'entraînent toute la journée à être en forme, des athlètes qui sautent le plus haut possible pour attraper la proie convoitée.

L'un des chats se cache dans l'herbe, tapi, dans l'attente d'un oiseau. Le plat de graines devient un piège.

Dès qu'un oiseau se pose, le chat le laisse un moment en paix. Quand il est en confiance, la tête penchée vers les graines, le chat bondit vers lui.

Moi aussi je me mets en position de départ de sprint pour sauver les oiseaux. J'ai parfois réussi, mais malheureusement j'ai souvent échoué. Trop souvent.

On ne peut pas changer la nature d'un chat. Un chasseur pour sa survie.

Pourtant ils n'ont que rarement besoin de cet instinct pour se nourrir, mais ils ne peuvent pas s'empêcher de capturer des proies.

C'est un jeu pour eux ! Une résurgence d'anciens comportements au cas où il n'y aurait plus de maître nourrisseur !

Ils ne sont pas dépendants. Ils sont plus libres que ce que nous croyons.

Les chats sont plus malins que nous quand il s'agit de survie. Ils réussissent mieux.

L'homme est un animal social qui aime être en groupe pour compter sur les autres. Par contre, le chat est un félin qui maîtrise la chasse, même seul en zone sauvage. Ce que le citadin ne connaît plus.

C'était une spécialité de l'homme primitif que l'animal a gardé et il s'adapte aux changements de la nature.

Dès que nous avons adopté la Fille, les oiseaux ont fui.

On aurait dit qu'ils sentaient que nous ne voulions plus d'eux.

Ils étaient là, ils nous surveillaient, ils nous parlaient par leurs chants, et nous étions sourds. Nous n'avons pas compris leurs messages sonores.

Et nous croyions qu'ils conversaient entre eux.

Les oiseaux nous voient et nous observent, comme ami et ennemi. Ils connaissent celui qui représente le danger ou non. Ils s'approchent quand ils ont confiance.

À mon arrivée à Rouen, les merles faisaient leur nid au-dessus de la porte d'entrée. Sous la marquise qui protège le seuil de la pluie. De temps à autre, quand je sortais, j'entendais quelque chose s'envoler !

Je pensais qu'un oiseau sur la verrière fuyait mais en regardant attentivement, j'ai vu le nid. Juste au-dessus de ma tête, à portée de main. Indétectable sauf après beaucoup d'efforts. Il faut savoir ce qu'on cherche, comme dit Violette.

Des nids partout, sur le toit de la maison, en haut ou au pied des arbres. Même par terre, le jardin renfermait des trésors. Aucun oiseau oublie son emplacement et il y retourne pondre chaque année.

Le jardin est riche de plantes fleuries et qui grainent toute l'année. Différentes couleurs. Rouges du buisson ardent, jaunes des fleurs, noires du lierre et autres ! C'est ce que les oiseaux aiment manger. Quand il n'y en a plus dans le jardin, ils cherchent dans la nature éloignée mais ils restent fidèles à leurs maisons ! Ils reviennent.

Un souvenir personnel : un texte des lectures de mon enfance.

« Le retour des hirondelles ».

Ce titre sonne très fort dans ma tête comme si on disait « la Fête » !

Bien sûr, ce retour signale le printemps et la fête de la nature, le soleil, au pays où il est un roi, au Maroc.

Souvenirs de l'enfance, la joie, l'inconscience. La santé si précieuse mais qu'on perd au fur et à mesure du temps.

L'arrivée des oiseaux nous donne l'énergie de penser au passé et la réveille pour dépasser les moments difficiles quand on est souffrant.

Quand on voit un petit oiseau se balader, tôt, à l'aube, alors qu'il fait très froid, sans cri ni plainte, on se dit qu'on exagère quand on annonce qu'on a mal. Nous ne sommes pas patients comme lui.

La douleur apparaît facilement sur nos visages, alors que sur la tête et les ailes d'un petit oiseau, on ne voit que de l'action.

Ces petites créatures nous donnent à réfléchir et un exemple. La joie de la nature et sa vitalité, ce sont ces oiseaux et ces bêtes à quatre pattes.

Les hommes ne sont pas les moteurs du dynamisme et du plaisir de vivre, mais sa tristesse. En colère contre la vie et ses acteurs.

La pollution, la nature abîmée, les constructions anarchiques. Les déchets jetés dans les eaux des rivières. Des gaz mêlés à l'air.

L'homme ne fait plus la joie de la terre. Il lui crée de la misère ainsi qu'aux animaux.

Les pies jacassent

À notre arrivée dans le quartier, les pies étaient plus nombreuses que les chats ! On n'en croyait pas nos yeux. C'est la première fois que je vais en faire la connaissance, avant de savoir que ce type d'oiseaux n'était pas apprécié au Moyen-Âge en Occident et même, encore aujourd'hui, des Français. La pie est le symbole du mal, peut être par son cri effrayant, surtout la nuit.

Les oiseaux chantent parfois le soir, à notre étonnement alors que l'explication est très simple : quand les lampadaires éclairent les cieux, les oiseaux ne différencient plus le jour et la nuit.

Parfois, les oiseaux ont peur des bruits de pas s'approchant de leur zone de repos. Ils se déplacent pour attirer l'attention des prédateurs et les éloigner de leur progéniture au nid.

Je me souviens qu'au Maroc, âgé de dix à quinze ans, je me baladais dans les champs, et j'observais des oiseaux sautillants devant moi. Je pensais qu'ils ne pouvaient pas voler alors je les suivais. J'avais envie d'en attraper un à mains nues, mais impossible !

Chaque fois que je m'approchais, ils se déplaçaient comme s'ils souffraient des ailes. Puis, subitement, ils prenaient leur envol et s'éloignaient.

Je ne comprenais pas ce comportement resté longtemps dans ma mémoire, jusqu'au jour où j'ai lu une explication qui indiquait que les oiseaux simulent une blessure pour éloigner du danger leurs oisillons à proximité.

C'est une ruse instinctive des oiseaux mais aussi d'autres animaux.

Nous avions beaucoup de pies dans le voisinage et même dans notre jardin. Je les comptais chaque jour et j'en trouvais une vingtaine. Rien que chez nous. Et les autres voisins en voyaient eux aussi, autant sinon plus.

On les voit et on les entend tôt le matin quand ils commencent leur envol. J'avais l'habitude de me réveiller à l'aube pour enregistrer des chants d'oiseaux du jardin et d'au-delà.

Dès que la clarté s'invitait, les oiseaux sortaient de leur nid, s'installaient sur des branches et chantaient leurs mélodies. C'était une chorale naturelle de voix différentes. Chaque oiseau a la sienne dans une gamme et des phrases répétitives auxquelles les autres répondent, tcha cha cha cha cha chak ou tcha iak !

Ils ne sont pas posés sur le même arbre et parfois sont éloignés les uns des autres.

On entend le premier chant d'un merle, par exemple, et un autre babille dans un même répertoire.

Bien sûr, je ne suis pas spécialiste en chant d'oiseaux, comme les gardes forestiers ou les ornithologues mais je connais les mélodies de chaque espèce par habitude.

Disons que je sors très doucement, en marchant sur la pointe des pieds, comme dit Violette, pour admirer l'oiseau qui chante. Il est à une trentaine de mètres.

Dans notre jardin poussent des bouleaux et cerisiers, très hauts, de quinze mètres et plus. De là, l'oiseau se sent en confiance quand il me regarde du haut et voit que je l'observe.

Tant que je suis à distance, il ne bouge pas mais quand je m'approche et entre dans son espace, il s'envole à tire d'aile pour un autre perchoir, proche ou loin de moi et continue à chanter.

Parfois même quand je ne le vois pas, j'entends son chant traverser les airs.

Nous passons la journée à jouer avec les oiseaux et surtout à les déranger. Eux sont dans leur élément et l'homme est un prédateur.

Les oiseaux s'appellent et s'échangent des chants d'amour. Plus intelligents que nous qui partageons des chants de haine, des balles et des bombes.

— Je n'ai jamais vu un oiseau avec un fusil ou un pistolet tirer sur son frère animal, au ciel ou sur terre contrairement aux humains dont les journaux témoignent.

Les temps changent et les maisons sont occupées.

Les propriétaires ne restent pas longtemps au même endroit, pour leur travail ou parce que les époux se séparent et vendent la maison. Chacun achète un nouvel habitat pour une nouvelle vie et une nouvelle famille.

Des vieux meurent et les héritiers vendent les propriétés. Et ainsi on se retrouve avec des voisins qui n'aiment pas la verdure et apprécient le béton armé pour stationner. La nature et les petits êtres vivants ne demandent rien à l'homme sauf de les laisser tranquilles.

Les grands arbres ont commencé à être coupés. Chaque fois, les oiseaux se déplacent pour nicher plus loin en sécurité. Et quand tout a été scié, ils voyagent je ne sais où !

Nous avons la chance d'être entourés d'une vaste forêt et partout en France des centaines de domaines royaux boisés et entretenus sont conservés comme patrimoine national. Chaque arbre coupé est remplacé. Les oiseaux vivent partout où ils peuvent nicher en paix. Par contre nous les voisins du quartier, nous n'avons plus le droit aux chants si séduisants qui nous entouraient, il n'y a pas si longtemps. Sans oublier les floraisons des arbres fruitiers et ornementaux importants aussi pour les insectes.

Nos tourterelles

Celles qui nous manquent le plus dans nos jardins, ce sont nos tourterelles !

Ces petites boules de plumes sont présentes toute l'année et roucoulent d'excitation cou crrrrrou ou cou courrrrou-oua, du haut des arbres et traînent manger au sol.

Tout est beau en elles ! La marche, l'allure et le chant, bien sûr !

Certaines personnes entendent des pleurs et nous la beauté de leurs mélodies. La joie et la tristesse se trouvent dans le cœur des humains et non dans les chants de ces oiseaux !

Leurs chants me rappellent, les vers d'un poème d'Allaa al-Maari, un poète triste qui s'est isolé et a chanté de la poésie soufie.

— Cette tourterelle sur son arbre chante-t-elle ou pleure-t-elle ?

Bien sûr, on ne peut pas le savoir sans connaître leurs paroles, comme disait Salomon le prophète. Il était le seul à connaître le chant des animaux, comme il l'avait demandé à Dieu qui l'a exaucé. Le seul dans l'Histoire.

— Dieu, donne-moi un savoir que personne n'a eu avant moi et que personne d'autre n'aura.

Laissons aux oiseaux ce qu'ils ressentent. La nature est bien faite et qu'ils pleurent ou qu'ils chantent, ils ont survécu à toutes les misères du monde.

Ce qui est important, c'est de parler, nous de notre ressenti avec ces trois notes du roucoulement.

Ils s'appellent lors de la parade nuptiale et quand ils se taisent, c'est un silence de mauvais augure…

C'est tout ce qu'il est bon savoir, car un animal qui reste silencieux, y compris devant des prédateurs, est mourant, comme l'humain mutique par faiblesse ultime.

Les tourterelles autrefois étaient nombreuses. Plus qu'on l'espérait. Aujourd'hui, on les voit de moins en moins car l'homme défriche à tout va, coupe leurs arbres et détruit leurs nids.

Elles sont présentes toute l'année en France où elles sont sédentaires mais pas au Maroc.

Elles font la guerre avec les pies et les corbeaux pour se poser sur la branche d'un arbre dans un coin tranquille du jardin.

Les tourterelles, en couple fidèle et les pigeons font leurs nids là où les chats n'approcheront pas.

Elles ont de la chance avec nous ! Un épicéa d'Autriche leur offre le gîte. Ses aiguilles empêchent les félins d'escalader l'arbre et d'arriver au nid.

Les oiseaux ont un technique pour y entrer. Ils s'installent sur la branche d'un feuillu sans épines avant de s'introduire doucement sous le couvert du sapin puis dans leur nid.

C'est une technique de méfiance, pour bien surveiller ceux qui rôdent et s'assurer qu'il n'y a pas de danger avant de s'installer.

Une question de survie et les petits animaux ont bien compris le jeu depuis longtemps. Plus que nous !

On leur achète des graines décortiquées quand il neige à Rouen. On les laisse s'approvisionner elles-mêmes au beau temps.

La nature, en particulier mon jardin les nourrit. Il est conseillé de faire en sorte que l'environnement soit un lieu de vie pour l'homme et les bêtes.

En France et en Europe, les gens sont éduqués à respecter l'écosystème. Vivre et laisser les lieux sains pour les générations futures. L'homme devient de plus en plus conscient de son rôle à jouer.

Quel chant chez les tourterelles et les pigeons ! Koukouh kou, un régal. On y sent bien leur présence, surtout quand on est seul. Les animaux sont vraiment un moyen de distraction pour les personnes isolées. Ils s'habituent à nous et nous approchent même quand ils sont à moitié sauvages.

Cet air-là me fait penser à mes années au Maroc. Nous possédions deux cents pigeons voyageurs sur la terrasse de toit. Les voisins en avaient autant.

Les jeunes montaient à l'étage et chassaient les pigeons pour qu'ils prennent leur envol. Ils tournaient une dizaine de fois dans le ciel, avant de s'installer sur le toit de leurs maisons.

Les pigeons ne se trompaient jamais d'adresse. Ils revenaient toujours sur leurs lieux de naissance et même s'ils disparaissaient longtemps, ils revenaient un jour…

Les pigeons sont comme les hommes, ils tombent malades ou croisent un chasseur ou un prédateur animal, des rapaces ou d'autres qui les mangent. Parfois, dans les régions désertiques on est poussé à les consommer.

Les voisins marocains étaient jaloux. Parfois, ils volaient les pigeons quand ils s'installaient sur leur toit ou qu'ils entraient nicher avec d'autres groupes.

Le pigeon est un animal comestible au Maroc dont on fait de bons plats de viande, surtout chez ceux qui n'ont pas autre chose à manger.

La chair des pigeons est une viande noble dont on est fier de préparer des repas. On dit d'un chef de tribu qu'il ne mange que des pigeons ! Ce qui signifie qu'il va à la chasse. Un passe-temps pour les Maghrébins riches et nobles…

Les pauvres, eux aussi, possèdent leurs moyens de chasse. Des filets posés au sol et de l'eau, avec des graines pour attirer les oiseaux dans les champs.

C'est difficile de demander à ceux qui n'ont pas de quoi se nourrir de ne pas chasser ou de pêcher. Tant qu'ils ne font pas d'excès et ne détruisent pas les lieux, l'acte reste humain et naturel pour des besoins de survie.

Violette est heureuse quand elle trouve des coquilles d'œufs de tourterelle tombées vides par terre. Elle les utilise pour remplir une petite bouteille décorative ou autre.

Elle n'aime pas voir la tête d'un animal, lapin pigeon ou poisson dans un plat. Cela lui coupe l'appétit. C'est vrai que mettre un animal complet dans une assiette est un acte cannibale et primitif. C'est mieux d'être un peu discret dans la présentation.

On revient aux rites des Indiens qui remercient la terre et l'animal, avant de se nourrir de sa chair.

Il est vrai que c'est violent, même si c'est une nécessité pour vivre.

Malgré la prédation, des hommes envers l'animal et la nature, les arbres et les oiseaux ont réussi à survivre et ce sont eux qui font notre joie de vivre dans le quartier et autour de nous.

Nos amis les moineaux

Ce sont des cas à part entière, ces moineaux ! Ceux qu'on appelle, « jaouch » au Maroc. Je ne sais pas d'où est arrivé ce surnom dialectal.

En réalité, je ne les aime pas ! C'est une question de ressenti. Mes préférés sont les chardonnerets, leurs couleurs, surtout le rouge et le jaune !

Celle des moineaux est plus terne, marron. Même quand il est strié et avec le petit bonnet noir des mâles, je n'accroche pas.

Pour autant, je ne les chasse pas de chez moi. De plus, vivant à l'étranger, loin de mon pays natal et surtout ma région, tout ce que je vois près de moi et qui me tient compagnie et me fait me sentir moins seul devient beau.

Mon regard a changé et mon goût, aussi. Oui, avec le temps et dans un nouvel environnement, on évolue.

Au Maroc, je détestais la musique des groupes de Chikhat. Ce sont des femmes qui dansent et chantent, en formant des groupes et c'est mal vu dans un pays de tradition musulmane et de principes où les femmes ne doivent pas exposer leurs corps aux hommes dans des lieux publics. Pas plus que chez elle !

Ceci alors que l'on connaît des hommes très hauts placés dans l'État qui aiment ces spectacles et les proposent chez eux et en public.

Enfin, il faut savoir, aime-t-on et autorise-t-on, ou déteste-t-on et interdit-on partout ? La société des contradictions !

On aime voir une femme bouger les beautés de son corps et chanter, mais on n'aime pas que sa propre mère, sa sœur, sa fille ou une proche le fasse…

Regarde en douce, apprécie et tais-toi !

Quand le chef de famille vous demande de ne pas regarder, il ne faut pas le faire. Il faut baisser les yeux et ce n'est pas pour les plus jeunes. Nous étions l'ennemi de ce genre d'art et d'artistes alors qu'ils étaient bien rémunérés et représentaient et la société.

Les chants d'une Chikha, Hadda, étaient du militantisme dans l'Histoire pour la région d'Abda-Doukala. Elle défendait sa tribu, contre un caïd, un dictateur qui faisait la guerre et tuait les jeunes pour prendre la terre.

Aujourd'hui, il existe des festivals mais aussi des cours universitaires pour démontrer l'intérêt de ce chant et cette danse. Pourtant le mépris et la haine profonde sont restés ancrés.

À mon installation en France, j'ai commencé à apprécier les Chikhat, comme tout autre musique ou art de mon pays d'origine. Mes sentiments ont changé, comme pour les oiseaux !

Peu importe, les moineaux sont des oiseaux comme les autres et puisqu'on n'a pas le choix de leur présence, on les accepte !

C'est ce que j'ai senti quand ils sont arrivés en nombre au jardin pour manger la nourriture des hérissons. Des restes de pain et puisqu'il est déconseillé par les spécialistes parce que c'est salé, on le trempe dans un seau un moment, puis on le presse pour le dessaler. Parfois, même les pies viennent manger dans la gamelle.

Les moineaux sont les plus nombreux et cela augmente de jour en jour. Peut-être trois cents ou plus. Le moineau est casanier et il aime la compagnie, je l'ai constaté !

Leurs piaillements tchip, tchiup ou tchirp s'entendent à mille mètres. Je me demande ce que pensent mes voisins de ce tintamarre.

Quand un ou deux oiseaux chantent dans le jardin, c'est une beauté et un régal ! Mais quand des centaines d'oiseaux se relaient, se crient dessus et se bagarrent pour une miette de pain ou des graines, c'est l'enfer. Surtout quand ça dure toute la journée.

Les moineaux n'ont plus quitté le jardin dès que j'ai commencé à leur donner des graines.

Un bon repas pour les chanteurs de la nature. Surtout quand il neige et que les oiseaux ne peuvent pas chercher leur nourriture dans les prés et les broussailles.

S'il fait froid, il faut nourrir, conseillent les spécialistes, pour que les oiseaux et les autres animaux ne meurent pas de faim.

On oublie l'intérêt de la compagnie des animaux autour de nous sauf quand on les perd.

Par exemple les abeilles qui transportent le pollen, fécondant les fleurs et donnent du miel. Sans elles, nous serions bien privés.

L'homme grandit avec les sciences et le savoir mais il n'arrivera jamais à en faire autant que la nature. Une immensité vitale que personne ne peut créer sauf celui qui est à l'origine du monde.

Et le chant des moineaux dérange de plus en plus ! il n'y a pas que la pollution sonore, il y a aussi leurs déjections.

Les voisins se plaignent de la saleté sur leurs toits et leurs voitures.

Anadafa, la propreté, était l'un de ceux qui criaient le plus fort.

C'était un malade du nettoyage. Il bougeait tout le temps, il ne pouvait pas s'arrêter ni s'asseoir. Et pour ça, il lui fallait quelque chose à faire.

Une phobie qui lui gâche sa vie et le rend agressif !

— Les oiseaux qui viennent de chez vous nous laissent des fientes sur le mur ! dit-il à Violette.

— Les oiseaux ne viennent pas de chez nous, mais de la nature ! Si nos chats occasionnent des dégâts, on dédommage, mais pour les oiseaux, nous ne les élevons pas…

Ce qui le gêne, c'est que notre jardin est très arborisé. Ses arbres sont déjà coupés et il ne laisse pas une chance à une rose de grimper… Il est contrarié par notre végétation luxuriante.

— Si vous taillez une branche de nos arbres, vous vous retrouverez au tribunal ! prévient Violette.

La loi interdit de couper les plantes d'une propriété voisine. Si elles dépassent, le propriétaire doit faire le nécessaire, de chez lui.

Les oiseaux ont trouvé le paradis dans notre jardin. La liberté extrême.

Mais c'est là que les problèmes commencent !

Avec la présence de notre petite chatte, La Fille, les oiseaux se sentent menacés. Elle passe sa journée à grimper aux arbres pour les attraper.

On trouve ses victimes à moitié dévorées et parfois, on a la malchance d'en voir une sous la table ou le canapé !

Violette crie de douleur quand elle voit un oiseau au corps froid.

— La chatte fait son travail ! Elle ne fait rien de mal ! dis-je.

C'est vrai mais…

De plus en plus d'oiseaux sont tués. J'inspecte la maison le matin et je ne laisse traîner aucune des offrandes de La Fille avant le réveil de ma femme.

On a peur que la chatte apporte ces cadeaux sur le lit, là où elle dort à nos pieds. On se réveille souvent pour surveiller surtout quand on entend miauler. La douce tranquillité que la petite chatte nous donnait est devenue une anxiété permanente.

Si la chatte n'était pas là, les chats des voisins feraient l'affaire. Ils passent par chez nous pour chercher de la nourriture.

Quand les bols sont vides, les chats attaquent les nids dans les arbres. Et malgré la hauteur, ils réussissent à attraper des proies et à se régaler. Ils ne peuvent pas se passer de chair fraîche, ça les rend dingues !

La Fille en gestation

Quand on trouve une maison sûre et des parents adoptifs gentils, comme Violette et moi, de quoi manger, même plus dans le jardin, que manque-t-il à La Fille ?

Des descendants avant que l'heure biologique ne soit dépassée.

Cette période est courte chez les chats, comme leur durée de vie.

Le Gars a disparu, on comprend maintenant pourquoi. On a trouvé la réponse nous les parents, sans que la petite Fifille ne nous la donne !

La Fille grandit bien et elle s'est habituée à sa nouvelle maison. Elle mange et paraît très en forme. Au point de prendre du poids.

C'est normal avec ses bons menus abondants C'est ce que nous avons cru.

Mais en vérité, elle est pleine et Le Gars a terminé son œuvre. Il a joué son rôle de mâle et est parti chercher ailleurs ! Les chattes non stérilisées ne manquent pas dans le quartier.

La petite mère se trouvera seule pour s'occuper de sa progéniture.

Nous étions contents de la voir profiter de la bonne chair sans savoir qu'elle allait avoir des bébés. Elle était encore très jeune mais le temps de sa fécondité était arrivé et les chats sont là pour laisser des traces après leur départ rapide de cette vie.

Les chats apparaissent et disparaissent rapidement. Ils ne nous laissent pas le temps de réfléchir. Beaucoup de chats partagent nos vies, sont arrivés et repartis, sans qu'on ait anticipé.

Nous souffrons beaucoup de ses disparitions inexpliquées, car cela réveille la nôtre ! La mort inéluctable.

— Le roi est mort, vive le roi ! Et la vie continue.

Nous étions des ignorants jusqu'au jour où la jeune chatte est venue vers moi, sur le lit. Elle avait l'habitude de prendre une petite place près de nos pieds, et parfois elle se faufilait jusqu'à nos têtes pour nous dire bonjour ou pour pétrir les draps, comme elle le faisait bébé.

Mais cette fois, c'était différent, j'ai senti que quelque chose n'allait pas ! La chatte insistait pour que je me réveille, ce qui n'était pas dans ses habitudes. Quand nous dormions, elle restait sagement au calme.

En la touchant pour la caresser et qu'elle se calme, je sentis son ventre mouillé. Elle venait de perdre les eaux et allait mettre bas.

J'ai réveillé Violette et j'ai mis La Fille sur un linge dans un carton. Le premier chaton est arrivé dans la caisse sur notre lit, puis les suivants, avec un délai entre deux naissances, dans le carton par terre. Il était une heure et nous sommes restés éveillés jusqu'à quatre heures.

Violette a attendu jusqu'à cinq ou six heures pour voir la dernière-née !

Je ne pouvais plus tenir, je me suis endormi avant.

À mon réveil, j'ai découvert quatre beaux chatons dans le carton avec leur mère très attentive à eux. Elle ne crie plus ! Tout est bien, qui finit bien.

Nous aurions pu passer la nuit à la clinique, si La Fille avait éprouvé des difficultés. On ne laisse pas un animal souffrir en France alors qu'on peut la conduire chez le vétérinaire. Et on dépense sans compter, c'est de notre responsabilité.

De beaux bébés et une famille nombreuse

C'est tout bonheur quand on voit les chatons, yeux clos qui tètent leur mère. Ils étaient très beaux et nous les admirions toute la journée. Il leur arrivait de quitter leur carton alors délicatement nous les remettions dans leur maison.

Ils ont commencé à marcher, une façon de dire. Parfois en glissant sur le ventre et parfois se mettant debout sur leurs petites pattes. Faibles pour les supporter, ils s'affalaient et rampaient à nouveau.

Ils ont gardé les yeux fermés pendant une semaine.

Violette cherchait des informations pour mieux les accompagner.

On n'était pas habitué ! Je parle pour moi, Violette avait sept chats avant mon arrivée. Avec le temps, on oublie comment se comporter avec les nouveau-nés et le plus souvent on accueille des chats déjà sevrés.

Comme avec nos enfants, il faut toujours se perfectionner dans son rôle de père et de mère.

La chatte par instinct joue son rôle de mère nourricière. Elle les nettoie et les stimule pour les selles et quand l'un d'eux crie, elle saute pour voler à son secours !

Nous aussi, on tressaute avec elle, jour et nuit !

Baby-sitters bénévoles au service de la nature, ça nous fait plaisir et c'est notre récompense.

Bien sûr, un chat est tout bonheur quand il est en bonne santé ! Mais un vrai malheur quand il est malade. On ne sait pas quoi faire.

Aller rapidement chez le vétérinaire pour un embarras bénin ou attendre un peu pour voir si l'état de l'animal s'améliore ? Trop attendre et devoir euthanasier un chat pour le laisser partir sans souffrance ?

À un moment, la chatte déplace ses petits et on ne sait pas pourquoi. Elle veut les cacher et on le refuse. Être proches de nous est une sécurité pour eux, et La Fille ne comprend pas !

Je vois la chatte porter, de temps en temps, un de ses petits par le cou et filer avec lui. Je lui demande de le laisser à sa place, elle refuse. Je prends le chaton à mon tour et dès que je tourne le dos, elle recommence.

On jouer à cache-cache, elle et moi !

Mais je n'ai pas le temps de rester près d'elle et de surveiller ses faits et gestes. Elle cache un de ses petits et je cherche longuement avant de le trouver.

Mon dos, mes genoux, mes reins et ma tête sont douloureux de stress…

On se fait mal pour rien. Impossible de commander un chat, il n'en fait qu'à sa tête. Comme une femme !

Quand les chatons ont dix jours, ils commencent à avoir envie d'explorer. Ils tombent parfois et se font mal. Il faut encore être vigilant.

Je voudrais bien voir ceux qui disent qui je suis « Monsieur, je n'en veux pas » !

Vouloir, c'est pouvoir ! Et s'occuper d'un chat, en France et en Occident, c'est élever un enfant.

Ceux qui vendent des idées sont irresponsables. Ils allèchent les gens et les laissent se débrouiller.

On dit, au Maroc :

— Ils vendent le singe et se moquent de celui qui l'achète !

Ce qui signifie qu'il est un idiot ! Mais c'est leur idée de vendre le singe…

Pour montrer de la bonne volonté, les « parents » des chats font plus que ce qu'ils peuvent.

Et plus les jours se passent, plus les chats grandissent alors les parents retrouvent du temps pour eux !

Un jour, la chatte pousse ses petits à sortir. Elle leur montre la porte ou bien ils la suivent, quand elle sort du carton pour aller faire ses besoins ou se dégourdir les pattes, marcher et courir.

La nourriture est toujours à volonté. Elle n'a pas besoin d'aller loin la chercher.

Les petits chats ne peuvent plus rester dans le carton, il devient trop étroit. Ils dorment hors de leur couche.

Quand nous trouvons le lit vide, nous cherchons partout. Il faut être doué pour trouver les chats, ils savent si bien se camoufler, comme un soldat dans la jungle.

Je finis par comprendre qu'il faut les sortir dans le jardin. Une première avec leur mère. Les petits ont bien aimé la nature, ils ont découvert un vaste domaine.

L'herbe a l'air étrange pour eux. Ils le reniflent et se frottent dessus. La mère les accompagne.

Violette et moi ne sommes pas loin, on les encadre. Quand ils se perdent dans le jardin, on les dirige vers le carton. C'est le seul lieu qu'ils connaissent et qui les rassure. Parfois, quand ils ont peur, ils y retournent en courant.

La deuxième journée est meilleure. Ils prennent leur élan, courent au lieu de marcher doucement et reniflent tout ce qu'ils trouvent. Ils connaissent maintenant le gazon et font de plus en plus connaissance avec la nature. C'est aussi leur habitat, même s'ils sont des chats de maison, domestiqués.

Premier mois, deuxième et le troisième !

Les bébés sont devenus de jeunes garçons et filles, bien débrouillés ! La mère met de la distance entre elle et eux et les laisse seuls.

Le problème c'est qu'ils aiment être libres. Ils ont l'habitude de sortir et pour que la porte s'ouvre, il faut je sois présent lors de la demande. Ce qu'on ne peut pas assumer.

Il faut ouvrir aux chats pour qu'ils sortent faire leurs besoins, de jour, comme de nuit. À n'importe quelle heure !

Après beaucoup de patience, on en a eu assez de jouer au portier. Nous avons décidé de poser une chatière sur la porte et ne plus nous lever au milieu de la nuit.

Ensuite, nous avons donné des cours aux chats pour qu'il pousse la petite porte va-et-vient.

Je me suis mis à quatre pattes, tandis que les chats me regardaient et j'ai fait sortir ma main. Puis, pour qu'ils comprennent, j'ai pris un chat et je l'ai fait passer par la chatière.

Les chats ont compris et ont suivi leur mère.

La Fille a commencé à leur faire goûter d'autres nourritures. Ils jouent avec des souris, des mulots et de petits oiseaux capturés par leur mère.

Il faut s'habituer, ce que Violette n'arrive pas à faire.

On avait une chance, c'est que la chatte a eu sa portée précocement avant saison. Le vétérinaire a déposé une annonce pour que de familles bénévoles adoptent nos chats à nos conditions. Choisir des familles généreuses, comme nous, sinon nous gardions nos chats.

Un couple d'étudiants en a pris un… Un couple proche de chez nous, l'autre… Et une amie de Violette, une brodeuse, a pris celui de couleur noire.

On a transporté le petit chat de quatre mois, jusqu'à ses parents adoptifs, pour nous assurer qu'il serait bien accueilli.

Nous avons décidé de rendre visite de temps en temps aux chats pour voir s'ils allaient bien et de les récupérer en cas de négligence.

Mon chat Fiston

Ce chat, je ne l'appréciais pas, initialement.

Il ressemblait aux chats au Maroc et j'en voulais un d'une autre couleur que tigré entre vert et jaune, avec des rayures !

C'est un chat de race européenne, décrit par le vétérinaire ! Mais que sais-je moi qui n'avais jamais pris conscience des chats et qui ne suis pas spécialisé dans le domaine ?

Il était le plus faible et sa mère l'isolait, et on a pensé qu'il était malade ou mourant.

Au début, tous les chats ont commencé à manger, sauf lui ! Je lui ai donné du lait, c'était ce qu'il acceptait. Puis je lui ai fait essayer le poisson ! C'est sa nourriture préférée qu'il n'a pas lâchée, même adulte.

Il se différencie des autres. Surtout la forme de sa tête avec un museau carré, coupé au bout. Ses yeux sont verts et grands, son regard ferme. On le dirait fâché et aucune douceur n'apparaît.

Sa sympathie se voit quand il commence à se frotter sur mes mains, mon corps et mon visage si je suis alité.

C'est un mâle et ça compte beaucoup pour moi. Je veux pas de chatte !

Vous direz macho, mais je ne sais pas si c'est la bonne définition pour me qualifier.

Au Maroc, on adopte toujours les chats mâles, plus que les femelles, car il ne donne des bébés à nourrir !

Bien sûr, vous allez m'expliquer que c'est la nature et que la chatte doit assurer une descendance pour préserver l'animal dans la nature !

Je suis tout à fait d'accord avec vous, vous avez raison si vous vous intéressez à l'animal et à son confort dans notre société, mais au Maroc, on ne raisonne pas de la même façon.

Déjà, la tradition familiale nous impose un comportement.

— Votre grand-père, Saint Si Ali Ben Hmade interdit d'adopter une chatte. Si on doit choisir un chat de compagnie, ce sera un mâle !

Personne ne peut échapper aux rituels familiaux sauf celui qui s'oppose et se met donc à l'écart.

La mère, elle aussi insiste sur cette tradition, d'autant plus qu'elle ne veut pas encore plus de chats à la maison. Au Maroc, en 1970 on ne stérilisait pas les animaux domestiques. Et encore moins les femmes !

La contraception « naturelle » ne réussit pas souvent et les femmes se retrouvent enceintes. Il n'y a que la ménopause qui cesse le processus.

Les chats laissent leur progéniture dans les rues. Quand une famille ne veut pas de la portée et ne trouve pas d'adoptants, les parents demandent à l'un des fils de mettre la famille de chats dans un sac et de le déposer loin de la maison.

Au moins, ils trouvent toujours à manger et de quoi se nourrir dans la nature.

Des jeunes inéduqués apprennent le tir sur les chats. De jour comme de nuit quand ils voient un chat, ils prennent une pierre, la plus grande que la main peut tenir et la jettent sur leur cible vivante bêtement, pour se distraire et jouer.

Personne n'accepte cette maltraitance. On se fâche contre ces jeunes sadiques.

De mauvaises prières sont effectuées, malheur à ceux qui tuent les chats sans cause réelle.

Un jeune est devenu handicapé alors tous disent qu'il frappait les chats et que le malheur s'est abattu sur lui. Peut-être que c'est vrai !

On peut être handicapé par des maladies qu'on ne connaissait pas, mais les gens rationalisent ce qu'ils ne connaissent pas en un mythe effrayant.

J'ai adopté mon chat Fiston, le tigré et en plus il grandit, plus il me devient proche. Il est gentil et ressemble à son père, Le Gars disparu.

Le petit chat Fiston est resté avec moi, car personne ne l'a choisi ! Je voulais le faire adopter mais c'est lui qui est resté. C'est un mal pour un bien.

Fiston et moi, on se matche bien. Plus le temps passe, plus nous sommes proches. Deuxième chat à la maison, avec sa mère. C'est pour ça qu'il est gâté ! Quand il n'est pas entre mes mains, chouchouté, il est entre celles de sa maman Violette ou les pattes de La Fille.

Le chat est le roi de la maison et personne ne peut le contester. Quand on vient nous rendre visite, Fiston est le sujet préféré de la conversation.

On dirait qu'il n'y a que le chat dans la maison. Pour nous amadouer, il faut nous parler de notre chat ! Bonheur et joie de raconter ses exploits.

Il est bien nourri et privilégié. Il choisit sa nourriture. Il a plusieurs pâtées et croquettes de différents compositions et parfums, alors il sélectionne ses gâteries. Il est toujours rassasié, à volonté. Comme un humain, Fiston ! Même plus.

C'est un cas à lui tout seul ! Il faut toujours s'attendre à des surprises.

Quand sa mère le prend et l'éloigne de ses frères, on le croit faible. Car les mères éloignent les chatons malades des autres, pour qu'ils ne soient pas contaminés.

Mais pour Fiston, le tigré, comme l'appelle Violette, il ne paraît pas qu'il souffre de pathologie.

Je crois, si je m'en souviens bien, qu'il était le dernier-né de cette portée. La dernière pour la chatte Fifille qui sera stérilisée.

J'étais énervé contre elle et j'étais attentif à ses faits et gestes.

Il paraissait un peu faible, mais je voulais qu'il vive, comme sa fratrie. Après avoir commencé à manger et sa mère l'allaitait de temps en temps, alors sa situation m'a rassurée.

Un jour, sa mère le repousse.

Le petit chat a réussi sa séparation, est devenu adulte, débrouillard.

Des familles voulaient adopter les chats à peine sevrés, j'ai différé leur départ pour qu'ils profitent le plus possible de leur mère.

J'attendais que quelqu'un choisisse Fiston mais finalement il est devenu le chat de la maison.

Un jour, il est sorti et n'est pas revenu, ce qui était inhabituel.

Le soir venu, il n'est pas rentré. Je suis parti le chercher une partie de la nuit dans le quartier. Personne, Fiston s'est volatilisé.

Je passe tous les scénarii dans ma tête.

— A-t-il été volé ?

— S'est-il fait écraser par une voiture ?

— Est-il enfermé quelque part ?

J'ai continué à chercher, puis le deuxième jour et le troisième jour sont passés sans que je trouve le chat.

J'avais un pincement au cœur, je croyais faire une crise cardiaque. L'angoisse est montée et ma tension aussi. Ce sont là mes premiers signes d'hypertension…

Je n'ai pas perdu espoir et j'ai continué à chercher.

Un soir, par hasard, j'ai ouvert la porte de la boîte à lettres que j'ai refermée bruyamment. Clac, clic… C'était vraiment fort.

D'habitude quand je suis dans le jardin et que je claque la porte de la boîte, le chat arrive en courant. Il sait que c'est moi et vient m'accompagner.

C'est l'instinct qui m'a poussé à faire ça. Je devenais fou ! À faire tout et n'importe quoi, dans mon désespoir.

Des pigeons, dans un grand arbre du jardin voisin d'en face, se sont envolés et cela a attiré mon attention. J'ai regardé attentivement le sapin pour comprendre ce qui effrayait les oiseaux.

À ce moment précis, j'ai entendu un cri de chat depuis la maison et rapidement j'ai compris que c'est celui de Fiston !

Il était enfermé dans le garage de notre vieille voisine vivant seule. C'était une femme très âgée devenue acariâtre de solitude. Très dure de caractère. Une femme de la Deuxième Guerre mondiale, comme on dit. Elle a vécu des moments difficiles qui l'ont rendue insensible.

J'ai couru chez elle et j'ai sonné comme un fou.

La dame ne répondait pas et moi j'insistais pour qu'elle ouvre. J'aurais pu casser le portail et détruire la porte du garage pour laisser sortir le chat affolé d'être enfermé sans manger ni boire.

J'ai appelé les pompiers qui m'ont conseillé de téléphoner à la dame ou d'appeler un de ses proches.

Je ne connaissais pas sa famille ni sa fille qui venait la voir, de temps en temps, ni son gendre. Avec lui, il y avait des problèmes de stationnement et on échangeait des mots acerbes.

Il était très tard et je sonnais comme un fou depuis une demi-heure, sans succès.

Voilà la lampe de la porte d'entrée qui s'allume et la femme sort en m'interpellant pour savoir qui je suis. Je lui réponds puisqu'elle ne me reconnaît pas. Ensuite, elle me demande ce que je veux !

Elle ne parle pas aux autres voisins parce qu'elle est fâchée avec eux, par contre elle vient de temps en temps me demander des nouvelles de Jacqueline, une autre vieille dame veuve chez qui je vais tous les jours pour lui apporter ses courses et ce dont elle besoin.

Mais dans la nuit, elle ne voit pas bien loin, à une trentaine de mètres de moi.

J'ai crié pour lui expliquer la situation alors elle a ouvert le garage pour libérer le chat.

Il s'est lancé comme une flèche pour entrer directement à la maison. Il s'est caché dans son coin préféré de la chambre d'amis un quart d'heure avant d'accepter de sortir manger et boire.

Ce fut pour moi, une expérience marquante ! Je n'oublierai jamais le stress occasionné et je suis resté traumatisé. Plus que mon chat.

Depuis ce jour-là, mon chat reste près de moi. Je l'entoure tout le temps et je veille sur lui.

C'est bizarre mais quand j'ai décidé de partir en vacances au Maroc, j'étais triste de le laisser et lui aussi était triste. Il me le montrait et il semblait me faire comprendre que je l'abandonnais.

Dès qu'il me voit me préparer à sortir de la maison, il se réveille et décide de sortir. Il veut m'indiquer, sans doute, que lui aussi se promène et ne reste pas dans la maison. Comme s'il y était parce que j'y suis, moi aussi !

Il me réclame à manger et je lui donne pour qu'il sente que je m'occupe de lui. Il mange à peine et délaisse la gamelle pour réclamer des caresses. Je lui en donne et il en veut encore plus. Comme s'il voulait me retenir, accroché à lui. Il veut me dire qu'il est là, qu'on est bien tous les deux et que ce n'est pas la peine d'aller ailleurs, ni lui ni moi.

Je ne peux pas rester tout le temps chez moi, il faut bien que je sorte… Alors quand il me voit m'habiller et me chausser, il se fâche et sort de la maison en colère. Vous entendez la porte de la chatière claquer comme jamais. Il court avec force, pour montrer que vraiment il n'est pas content.

Disons que les chats ne savent pas ce qu'ils veulent et que leur intelligence n'est pas égale à celle de l'homme. Quand on dit qu'ils souffrent ou qu'ils sont tristes, on projette nos propres sentiments sur eux. De l'anthropomorphisme…

Quand un animal sent que son maître est triste, il s'approche et le frotte avec sa tête et le poursuit pour déstresser. Il ressent nos émotions.

C'est pour ça que nous adoptons des animaux ! Ils jouent un rôle très important sur notre psychisme. On ne comprendra jamais car c'est très complexe et le reste toujours. Mystérieux pour nous et clair avec les siens.

Les chats comprennent les paroles de l'homme, mais l'inverse n'est pas vrai.

Il faut posséder la bague de Salomon pour traduire les dires des chats ou un prophète qui exprime leurs sentiments et leurs pensées en paroles humaines.

Ce qui me marque toujours quand je décide de voyager, c'est sa tristesse. Il change de comportement. Il me colle, plus intensément que lorsque je sors pour quelques courses.

Dès que je charge la voiture, il avance, se place sur mon chemin, pour me barrer le passage. Quand j'y mets mes affaires personnelles, il monte dans le véhicule. Il renifle les sièges, comme s'il cherchait quelque chose et dès que je veux fermer la portière, il court comme un fou et sort, comme s'il me disait qu'il ne veut pas quitter la maison et partir avec moi en voyage.

Quand je démarre pour le départ, il se pose sur le mur du jardin devant moi, à ma hauteur exactement et me regarde.

Si je descends pour le caresser, il s'enfuit, comme fâché ! Et si vous voyiez ses yeux, à ce moment précis, on dirait qu'il pleure ! Son regard est transformé. Un enfant qui regarde son père quitter la maison ?

C'est très dérangeant, cela me perturbe, alors que ce n'est pas dans mes habitudes. Je voudrais arrêter la voiture et ressortir en laissant le voyage au lendemain. J'ai comme le pressentiment qu'il arrivera quelque chose en route, si je quitte la maison alors que le chat me regarde d'une telle façon.

J'hésite à partir !

Les jours de départ vers le Maroc sont devenus difficiles depuis son adoption. Pourtant, je mets tout en œuvre pour qu'il soit bien pendant mon absence.

Cinq caisses de croquettes. Un ami vient tous les jours lui donner à manger même s'il y a des réserves déjà disponibles. Fiston reçoit aussi des caresses.

Des nouvelles m'arrivent et même des photos de lui. Je ne serais pas bien si je ne savais pas comment va mon chat.

À mon retour, j'arrive vite près de lui, comme si c'est un enfant m'attendait. On fait tout pour ne pas se retarder d'une journée.

Dès qu'il entend la voiture, Fiston sort de la maison et s'assoit devant le portail.

Quand il nous voit et sait qu'on l'a vu, il prend la fuite !

Il reste fâché pendant une semaine. Mais le soir venu, il vient sur le lit et dort près de ma tête. Il ne me lâche pas durant un mois !

D'habitude, il dort dans une autre chambre ou dans le salon.

Notre chat Fiston est un phénomène à lui tout seul !

Il n'aime pas les visiteurs alors il fuit et file au jardin. Il passe la journée sans manger ou boire, jusqu'à ce que l'étranger reparte. Quand le portail du jardin claque, le chat réapparaît à la fenêtre, affamé comme s'il n'avait pas mangé depuis des jours.

Avec le temps, le chat commence à s'habituer aux quelques personnes qui viennent le nourrir lors de nos longues absences. Et cela n'arrive pas souvent, parce qu'elles durent un mois et un mois et demi.

Chaque fois que Violette fait les courses, elle achète quelque chose pour le chat. Elle le gâte, même si elle ne le trouve pas très câlin avec nous, par rapport aux chats qu'elle a déjà adoptés.

Je n'ai rien à dire, je suis son père nourricier et les chats « aiment » celui qui donne à manger.

Parfois, je me trouve très embarrassé par les attentions des chats. Ils se frottent à mes mollets pour avoir à manger et il arrive qu'ils me fassent trébucher et que je manque de tomber.

Un chat est un chat, et nous ne sommes pas des spécialistes de son psychisme et de la méthode pour l'éduquer.

Quand on n'arrive pas à comprendre nos enfants et qu'on se retrouve avec eux face à un mur, comment pourrait-on appréhender le monde mystérieux des chats ?

On fait ce qu'on peut, avec le temps que nous avons à leur consacrer.

La plupart de ceux qui les fréquentent, ou d'autres animaux, traversent une crise et veulent en avoir un pour les accompagner. Parfois, on ne peut même pas s'occuper de nous-mêmes, alors comment veiller sur un chat qui est comme un petit enfant de deux ans, qui a besoin de sa maman pour le nourrir ?

Le chat gris

C'était un squatteur occasionnel. Il a remarqué la chatière et a suivi nos chats. La Fille ne proteste pas, comme avec ses adversaires. Le chat gris entre à pas feutrés et se dirige vers les gamelles dans laquelle il se goinfre puis il repart comme il est venu.

Je le chasse, pour qu'il ne s'installe pas chez nous. Je ne veux plus d'autres chats, ceux que j'ai me suffisent. C'est une façon de nous protéger, sinon, tous ceux du quartier nous envahiront.

Violette ne sait pas refuser ! Moi oui et je le regrette, car je ne veux pas que les animaux souffrent surtout en hiver. Chaleur et nourriture quand il neige.

Le Gris se glisse chez nous quand nous regardons la télévision et que la lumière est éteinte. Je le sens dès qu'il pousse la porte de la chatière. Le moindre bruit ne passe pas avec quelqu'un qui a une oreille de musicien, comme la mienne !

Je regarde discrètement et je le vois se faufiler entre la table et les chaises dans l'obscurité vers les chambres.

Quelques fois, il vient même dévorer la pitance, toujours à volonté, près de moi. Si je ne bouge pas, il renifle partout pour trouver autre chose ! Surtout de la pâtée et des viandes en sauce pour chats. Il sait ce qu'il veut !

Certains maîtres ne donnent que des croquettes car l'odeur des aliments les écœure dès qu'ils ouvrent la boîte.

On ne peut pas empêcher les chats de manger ces préparations très appétissantes justement à cause de leur odeur.

Un chat accepte-t-il d'être privé de cette nourriture, alors que les autres sont choyés chez leurs maîtres ? C'est ainsi qu'on se retrouve avec tous les chats du quartier ! Si je n'exagère pas et je suis sûr que ce n'est pas le cas, ce sont même ceux de la ville et des localités voisines !

Disons même qu'ils viennent de Rouen ou d'ailleurs puisqu'un chat peut parcourir soixante kilomètres et peut-être plus. Certains, après un déménagement, retournent dans leur ancienne demeure très éloignée de la nouvelle.

Des spécialistes ont fait l'expérience de la géolocalisation pour savoir où part le chat quand il sort de sa maison. Ils ont été surpris par le grand détour, au moins une quarantaine de kilomètres, dans son environnement. Les chats sociables accompagnent l'un ou l'autre de ses congénères.

Comme les loups se déplacent en meute et se protègent mutuellement. Le chat gris a fini par s'habituer à notre domicile.

Il était en bonne santé puis il est tombé malade. Je ne sais pas ce qu'il lui est arrivé, pour devenir si maigre.

J'ai tenté de le soigner ! Mais comment faire sans aller chez le vétérinaire puisqu'il demande l'identité du chat ou nous envoie vers la SPA ?

Est-ce le chat d'un voisin ou un chat né dans le jardin ? Comment puis-je le savoir ? Je ne peux pas connaître l'identité de tous les chats de notre quartier et d'ailleurs ! Ils sont chez eux partout.

Le chat est devenu de plus en plus malade ! Il tousse et salive beaucoup.

J'avais peur pour les miens. S'il a une grave maladie, ça veut dire que je vais faire soigner La Fille, Fiston et le gris !

Chaque fois qu'ils consultent un vétérinaire, la facture grimpe vite.

Ceux du Maroc qui me verraient investir autant pour des chats me critiqueraient. Ils diraient que je suis devenu un vrai Français… Je soigne les chats et je m'occupe des chiens, alors que les hommes, les femmes et les enfants marocains n'ont rien à manger. Ils ont raison !

Mais en France, il y a d'autres comportements et la loi interdit qu'on laisse un animal sans soin. Comme au Maroc, mais là-bas, on utilise de la médecine traditionnelle.

Chacun fait ce qu'il peut pour sauver les hommes et les animaux.

En France, aussi, certains manquent de nourriture alors mettre de l'argent chez les vétérinaires…

Les SPA sont débordées. Beaucoup d'animaux sont abandonnés au bord de la route par leurs propriétaires.

Certains ne peuvent rien faire pour les leurs, comment agiraient-ils avec l'animal malade ?

Le chat gris a continué à venir à la maison. Je pensais que s'il pouvait se déplacer et venir manger, il retrouverait la santé.

C'est ce qui est arrivé !

Je posais un plat pour lui et d'autres pour La Fille et Fiston. J'étais attentif à ce qu'il ne contamine pas leurs gamelles.

Une grande tension à la maison, avant que le chat gris ne reprenne du poil de la bête !

Le chat gris a décidé de rester chez nous. On l'a pas adopté mais quand il veut manger, il entre ensuite il part dormir sur un banc dans le jardin ou ailleurs.

Chaque fois que je sors le voilà. Une belle tête grise, le gros matou sort du garage tout doucement pour ne pas faire du bruit.

Il s'est habitué sans crainte. Je suis son père nourricier et il s'est habitué à mon odeur et à mes gestes.

Quand j'arrive, il ne bouge même pas. Il reste dormir tranquillement.

C'est comme ça qu'on sait qu'un chat nous a adoptés !

Le seul défaut, c'est qu'il n'est pas castré. Chaque fois qu'il rentre, il marque son territoire ce qui met Violette en colère alors elle le chasse.

On ne peut rien faire à ça !

Ce n'est pas notre chat, malgré les apparences. Il appartient peut-être à un voisin alors il nous est interdit de le faire castrer. La loi c'est la loi.

Il est resté, fidèle au poste, même à l'instant où j'écris ces mots !

La castration des chats

À peine, La Fille a sevré ses chatons que sa nature est revenue au galop. La chatte est entourée par les chats du quartier !

Quand des chats attendent en nombre, attention si tu as une chatte !

Elle est donc en chaleur et les chats patientent.

Nous ne sommes pas contre nature ni contre le droit à la descendance, mais il faut que les choses soient dans les règles sinon, il y aura le souk comme on dit au bled !

C'est vraiment surprenant, comment une chatte, cet animal qui agit selon son instinct nous pousse à limiter sa maternité, comme pour nous-mêmes ?

Aucune différence et lorsqu'il s'agit de l'acte sacré qui donne la vie, l'homme est radical, pour lui comme pour l'animal.

Cette fois, on veut pas de surprise et on surveille bien La Fille !

Dès qu'elle a commencé à chercher les mâles, hop, chez le vétérinaire… Une fois pour toutes. Elle a eu son expérience de maternité et maintenant ça suffit !

Dix milliards d'humains sur terre et dix fois plus d'animaux ! Impossible de nourrir tout le monde d'autant plus que les humains ont augmenté leur longévité.

La chatte a été stérilisée et les choses se sont bien passées !

C'était la première fois que je faisais castrer un animal.

En tant que Marocain, c'est très douloureux psychiquement cette amputation.

Autant je suis dur par mon éducation et mon vécu autant je suis très fragile devant ces situations. Couper dans un être vivant, humain ou animal, sans raison médicale, jamais je n'autoriserais ça, si je n'étais pas en France et accompagné de Violette.

Elle est partante dans ce cas !

— Allez, on n'a pas le choix ! Sinon nous aurons cinquante chats, peut-être cent vingt ou trois cents, et je parle de réalité, pas de fiction.

Les journaux écrivent sur ceux qui laissent traîner des centaines de chats dans une maison ! C'est de la folie.

L'habitation n'est pas un refuge et quand on fait vivre autant de chats dans un lieu inadapté c'est un acte de violence contre les chats mais aussi contre les maîtres.

L'animal serait plus heureux dans une forêt, dans un lieu naturel, comme pour les chats sauvages, mais pas dans une maison de quatre-vingts mètres carrés, au milieu des déjections ! Aime-t-on réellement les animaux quand on les traite ainsi ?

Cela me rappelle ceux du cirque et les bêtes sauvages dans la maison, tel que les lions ou les guépards.

La loi a balisé la vie d'un animal domestique, il faut la respecter. Ne pas laisser traîner des chats errants partout, avec tous les désagréments occasionnés.

Nous sommes des personnes civilisées, même si les jeunes d'aujourd'hui s'opposent à cette civilisation, nous ne vivons pas en hommes primitifs.

Madame La Fille va bien. Elle est libre d'entrer et de sortir. Personne ne la dérange, après cette intervention.

De ce jour-là, elle a vécu sa vie à son aise.

La liberté n'est pas toujours un gain. Un jour, elle a disparu et des jours, des semaines sont passés.

Je l'ai cherchée partout, à pied, en voiture, mais aucune trace. J'ai demandé aux voisins proches et éloignés s'ils l'avaient vue mais personne n'a de nouvelles.

J'étais déçu et je commençais à faire mon deuil puisque je la croyais morte.

J'ai imaginé tous les scénarii possibles.

Une voiture l'a écrasée ! Un voleur l'a attrapée devant la maison ! Un Chinois l'a cuisinée !

C'est bizarre, comment peut-on penser ça. Pour les Asiatiques, c'est un mets de choix mais les restaurants près de chez nous servent de la viande légale, venant de l'abattoir, délicieusement cuisinée.

Le désespoir faisait jouer mon imagination avec des idées de catastrophes.

J'ai pensé, aussi, que quelqu'un l'avait enfermée par mégarde puis était parti en voyage. Quand il est revenu, elle était morte.

Mais, un jour, le miracle est arrivé ! Je suis sorti au jardin, et qui vois-je ? La chatte Fifille dans l'allée. Maigre, elle ne peut plus marcher !

Elle avance doucement puis s'arrête se reposer et reprendre son souffle. Je suis content mais choqué.

Qu'est-il arrivé ? Je ne peux pas le savoir !

Elle était sans doute malade quelque part et elle n'a pas pu rentrer à la maison. Quand elle s'est sentie mieux, elle a rassemblé toutes ses forces pour faire le trajet jusqu'à chez elle.

Je lui ai donné à manger et à boire. Après des soins, la chatte a pris des forces et a retrouvé sa pleine forme. C'est un miracle de la voir en bonne santé !

Chez le vétérinaire, nous en avons profité pour faire castrer Fiston. Un acte citoyen pour éviter d'avoir des chats partout. Mais pour moi une difficile décision.

Quand il s'agissait de la chatte, c'était différent, je ne m'y suis pas opposé. Mais là, il s'agit de mon chat. Pour moi, un enfer que je ne peux éviter !

J'avais la sensation que l'intervention se faisait sur moi. Rien n'est plus important dans la vie d'un homme, que la capacité d'avoir des enfants.

En emmenant le chat à la clinique, je marchais sur des œufs, comme fragilisé !

J'ai considéré que c'est le prix à payer pour protéger un animal domestique. Être stérilisé et perdre une partie noble de soi… Des fantasmes. Ne plus être complet et subir un viol ! Une violence !

Cela me rappelle le temps de l'esclavage au Moyen-Âge, quand les hommes de couleur devenaient eunuques parce qu'ils vivaient dans la maison de leurs maîtres près de leurs femmes. Pour qu'ils n'aient pas de relations, et surtout être féconds avec elles.

Comme c'est bizarre de ressentir tant de chagrin pour la castration d'un animal !

C'était une violence pour lui, mais j'ai cédé parce que j'avais pas le choix. Et malgré les années, j'ai regretté d'avoir accepté, alors que c'est un acte normal pour limiter les naissances. C'est irréversible mais moins nocif que la pilule contraceptive pour les chattes.

La loi peut être une alternative douloureuse, mais nous n'avons pas le choix !

La mort de Fifille

C'est une belle chatte, très gentille, qui aime nos caresses chaleureuses. Quand elle n'est pas près de Violette, elle est collée à moi. Chaque fois que je m'assois sur le fauteuil pour regarder la télévision, le midi et chaque soir, elle arrive. Elle fait tout pour que je la prenne dans mes bras.

Elle se détend et se positionne, comme une reine et là, elle ferme les yeux. Les deux parce qu'un chat peut dormir en laissant un œil ouvert, par vigilance, à ce qu'on dit !

Je fais semblant de la refuser parfois, ce qui est taquin de ma part, bien sûr, mais elle sait ce qu'elle veut et ne lâche rien jusqu'à ce qu'elle se place, dans le berceau de mes bras.

Sa légèreté étonne, même quand elle mange beaucoup. Elle sait garder la forme. Il faut dire qu'elle passe les deux tiers de la nuit à chasser les oiseaux dans les jardins et à courir après des rats, ce que Violette déteste.

Elle, elle aime les aquarelles de souris et de petites décorations ! En bois, en plastique, et autres. Quand elle va dans une boutique, elle ne passe pas près d'une souris, sans être tentée de l'acheter. Quand elle réalise qu'elle en a beaucoup, elle y renonce.

Disons qu'elle s'offre celles qui sont exceptionnelles !

Pour séduire Violette, il faut créer quelque chose qui n'existe pas ! Elle connaît bien le marché et rien ne se passe sans qu'elle soit informée ! Internet et les heures passées à y naviguer l'aident à connaître les nouveautés et même les prix.

Il y a aussi les tortues ! Elle a une amie qui porte l'avatar de Tortue et les collectionne. De temps en temps, ma femme a envie de lui faire plaisir.

Mais les rats réels, non !

La Fifille aime bien rester, le plus possible entre mes bras mais moi, je ne peux pas tenir cette position longtemps. Il faut que je bouge et ça la gène. Elle renonce à moi, finit par se réfugier sur les genoux de Violette.

Cette dernière est jalouse que la chatte vienne chez moi. Quand je lui demande qu'elle l'a prenne, elle refuse… Comme si elle me provoquait.

Violette veut que la chatte vienne spontanément auprès d'elle. Voilà !

J'essaie parfois de forcer la nature. Question de jouer avec les chats, ce qui m'amuse et fait baisser la tension.

Ils aident à trouver de l'apaisement. On s'amuse avec eux comme des enfants.

La petite chatte partage ses journées avec nous et son fils, notre Fiston devenu grand. Elle joue avec lui mais parfois, elle le chasse, quand il en fait trop.

Je n'ai jamais vu une chatte aimer son fils, alors qu'il est devenu adulte comme elle.

Ils sont tous les deux stérilisés et il n'y a rien à craindre mais elle ne le sait pas ! La réponse est dans nos têtes, nous les diables qui castrons les animaux pour notre tranquillité !

C'est très beau de les voir courir dans le jardin heureux et essoufflés par l'effort de la course poursuite. Ainsi ils sont restés en bonne santé et en forme, durant un certain temps.

Un jour, après le problème de santé que La Fille avait eu, je ne sais pas pourquoi, elle a commencé à saigner superficiellement de son oreille.

Au début, j'ai cru qu'elle s'était blessée quelque part, comme tous les chats d'extérieur. Mais non, c'est plus grave que ce que je crois !

J'ai essayé de la soigner avec des antiseptiques locaux, mais je n'ai pas pensé à la faire consulter le vétérinaire. C'est une erreur.

Je n'ai pas le temps pour ça ou alors que je ne la vois pas en danger. Ou encore parce que je ne veux pas dépenser d'argent. Quand on se déplace à la clinique, quatre ou cinq fois par mois, cela coûte très cher et nous portons déjà une assistance financière à des proches démunis.

Et pas d'assurance car on cotise, mais quand on a besoin d'elle, il y a toujours des exclusions à la prise en charge.

La chatte se porte bien durant un moment et à un autre, elle saigne à nouveau du pavillon de l'oreille. Je désinfecte à nouveau.

Un autre jour, elle a secoué la tête et a laissé de petites taches de sang partout. Nous avons protégé les lieux où elle s'installe avec des chiffons. On la soigne et on la sort, puisqu'elle se gratte la plaie, jusqu'à ce que son oreille sèche.

Un jour, c'était étrange, la chatte s'est isolée. Elle se cache pour mourir !

J'ai constaté son absence. Je suis allé la chercher pour qu'elle soit sous nos yeux. Puis elle ne peut plus manger ni marcher ! Cela va mal et nous inquiétons. Je ne savais pas que ce serait d'une telle gravité.

Le vétérinaire l'a auscultée et fait des prises de sang, des analyses puis une radio. Il est revenu fermé, peu loquace.

— Il faut euthanasier la chatte ! Elle a un cancer généralisé. On n'arrive plus à différencier ses organes sur la radio.

Un silence de mort s'est écrasé sur nous, comme une vague de tsunami. Nous sommes restés muets.

J'ai essayé de philosopher et de parlementer pour pousser le vétérinaire à soigner la chatte pour qu'elle reste en vie.

Le vétérinaire est touché par mon émotion, mais il ne peut rien faire d'autre.

Je ne comprends pas, je suis dans le déni comme à mon habitude et j'essaie de dire des choses qui ne servent à rien.

Violette sait que je suis très touché par la mauvaise nouvelle mais elle tente de me pousser à accepter l'inéluctable et à abréger les souffrances de La Fille.

Je ne peux pas imaginer qu'un jour, je ferai euthanasier mon chat. Je suis un Oriental et d'habitude, au Maroc, on laisse les animaux mourir naturellement ! Comme on fait avec les humains. On soigne et on aide moralement à partir !

Piquer un animal me paraît, comme piquer un humain ! J'ai commencé à tout confondre dans ma tête ! Je suis très choqué, comme si j'allais perdre un membre de ma famille ! Et c'est le cas pour notre chatte.

Le vétérinaire prend tout son temps parce qu'il est conscient de la situation et il en a vu d'autres avant nous. J'ai accepté pour que la chatte parte en paix sans plus de souffrances. J'ai trouvé les mots et ma réflexion était guidée par le destin. La mort est une vérité, comme dit Dieu. Chaque être sur cette terre mourra un jour et il ne restera que Dieu l'éternel !

On a signé les papiers. Tous prononcent des mots de soutien et de regret de ne pas pouvoir faire quelque chose.

J'ai laissé le panier de transport car je ne veux pas retourner à la maison avec une caisse vide.

À mon retour, j'ai pris mon petit Fiston dans mes mais et je l'ai serré fort, très fort !

J'ai senti qu'il est devenu orphelin comme moi ! On souffre tellement du départ d'un être cher.

En souvenir de notre chatte La Fille, je traite encore mieux son petit Fiston. C'est pour notre souvenir !

— Elle a vécu une belle vie avec nous, dit Violette. Elle nous laisse de bons messages et un cadeau, son bébé, notre chat. Et les autres, bien sûr, qu'on n'oubliera jamais. Elle est partie au paradis des chats !

Le paradis est le même pour les hommes et pour les chats. Il n'y a pas de différence, ce sont des êtres vivants comme les humains. Des créatures de Dieu, le puissant !

On a besoin de son aide pour apaiser notre triste désarroi !

Les chiens du quartier

Les chiens ne manquent pas, eux non plus ! Certains habitants sont fans de chiens de race.

Un maître passe tous les jours, devant chez moi et son animal nous gratifie d'un cadeau comme si nous manquions de celui des chats dans le jardin.

Au moins, ils grattent la terre et sont plus pudiques et propres que les chiens.

Ces derniers sont inéduqués par des personnes qui ne pensent même pas aux passants.

Je peux vous dire que le petit caniche de la dame, qui ne sait pas saluer, choisit notre entrée après avoir bien reniflé. Et la femme ne l'empêche pas de souiller cet endroit.

Les chiens ont un odorat très affiné, mille fois plus fort que le nôtre ! Avant de décider du petit coin, il sait déjà qu'un autre chien est passé et y a laissé sa trace Mais le très beau caniche, n'a besoin de personne pour lui indiquer où se soulager. À chaque promenade, il tire sur sa laisse, le plus fort possible, jusqu'à qu'elle cède et qu'il nous fasse un cadeau.

Je vous décris ce que j'ai vu !

La propriétaire au visage tout pâle le regarde faire et le laisse terminer alors que je les ai surpris devant mon portail.

Est-elle gênée par mon observation ou parce que je suis arabe et un peu bronzé ?

Jamais elle ne répondra à mes salutations polies et son chien a compris ce qu'il faut faire sans se cacher.

D'habitude en France, à ce que je constate depuis mon arrivée, presque tous les passants sont bien éduqués et corrects.

Quand ils rencontrent quelqu'un dans la rue ou qui sort de chez lui ils se souhaitent une bonne journée avec un grand sourire. Qui ne coûte rien et fait des heureux ! Surtout d'une femme à un homme ! Sans arrière-pensées, bien sûr ! Je ne suis pas quelqu'un qui saute sur ceux qui passent et surtout pas sur une femme.

Cette personne me connaît très bien, parce qu'elle passe devant ma maison depuis des années. Et toujours aussi froide et distante !

Je suis quelqu'un aimable et d'empathique sauf avec elle et c'est ce qui m'étonne.

J'avais de bonnes raisons de l'engueuler et de la faire parler, malgré elle, mais je m'y refuse.

Par respect, elle devrait ramasser les crottes que je voie son chien ou non.

J'ai baissé la tête pour ne pas faire le voyeur et je me suis détourné.

Elle a une odeur de chien, pensais-je. Ce n'est pas pour le caniche, mais une insulte qu'on utilise comme symbole d'infériorité.

On est responsable de son chien, comme on est de son enfant ! À chaque fois qu'elle passe, j'entends l'aboiement du caniche ! Je le différencie de mille chiens dans la rue. Il me prévient qu'il va se soulager…

Je ne sais pas d'où ils viennent. De nulle part, leur rendez-vous est devant ma maison !

Un deuxième chien était étonnant, celui de notre ami et voisin Bernard l'ancien soldat de la Deuxième Guerre mondiale.

C'était un homme bien éduqué comme sa femme, elle aussi, amie de Violette.

Dès mon aménagement, il a été attentif à moi et me rendait des services.

C'était un chasseur. Son village d'origine est proche d'Elbeuf et Violette me le montre souvent. Je l'écoute, silencieux, parce que moi-même, je pense à lui chaque fois qu'on y passe. Son village aujourd'hui est devenu une ville.

De belles maisons, souvent traditionnelles, bien entretenues et fleuries.

Les gens aiment vivre dans ces chaumières, même si nous sommes au XXIe siècle ! C'est bizarre pour quelqu'un qui peut penser au futur, au lieu de vivre dans le passé.

Il avait un chien épagneul breton, notre ami Bernard. Il partait à la chasse avec lui le samedi et dimanche ! Je lui avais demandé de m'emmener. Par politesse, il avait accepté ce qui est interdit dans la loi de la chasse puisque je n'ai pas de permis.

Junot était bien dressé. Il jouait dans le jardin quand ses maîtres étaient chez eux mais dès qu'ils partaient le jardin devenait une forêt de loups.

Imaginez les hurlements des loups dans la nuit glaciale quand la meute a faim depuis quatre ou cinq jours… C'est exactement le cinéma que faisait Junot. Il pleurait son maître !

Violette ne pouvait plus supporter les cris même quand nous étions dans la maison. Elle sortait dans le jardin et au bord du grillage appelait l'épagneul pour qu'il accoure. Le chien, familier, se calmait dès qu'elle lui caressait la tête. Elle lui expliquait que ses parents allaient revenir.

Dès que Violette rentrait chez nous, le chien reprenait sa musique ! Il hurlait encore, tout le quartier en profitait, mais personne n'osait se plaindre. Le gentil voisin Bernard, le maître nous rend service et on ne veut pas le pénaliser.

Mais trop, c'est trop !

Violette raconte à Bernard en plaisantant, ce que le chien fait, dès leur départ. Il a confiance en ce qu'on lui dit.

Bernard était déçu, mais on ne pouvait rien faire pour changer cette habitude de Junot sauf appeler un spécialiste du comportement canin !

Les Marocains seront déçus d'apprendre qu'on appelle, un comportementaliste des chiens en France, alors qu'on ne fait rien pour les humains dans leur pays !

C'est la civilisation et la richesse aussi en France. Un autre monde.

Dès que Bernard a quitté la vie, son chien n'a pas survécu longtemps.

L'un des « chiens » qui marque l'esprit d'un homme, c'est celui de la toupie ! Un voisin que la malchance a planté en face de chez moi. Dès que je sors et me dirige vers le portail, je le trouve.

Il est là, toujours présent, pour rien parce qu'il ne veut pas être en relation avec moi, d'après ce que je comprends. Il fait en sorte d'éviter les conflits avec moi. C'est un homme malade et lui-même ne le cache pas ! Il ne peut pas rester calme plus de deux minutes, c'est un hyperactif. Il aime échanger mais il ne peut pas rester debout sans bouger…

Quand je travaille ou bricole à la maison et que je me fatigue rapidement, je sens qu'il faut que je prenne du repos. C'est une qualité pour une vie saine.

Quand on bouge partout et tout le temps, on finit par s'user et cela se termine à l'hôpital. C'est ce qui lui est arrivé !

Il s'est fait opérer des genoux et poser des prothèses alors qu'il n'était pas en retraite. Il a usé ses pédales, comme on dit au bled !

Affable avec moi, mais il ne m'a jamais invité chez lui, alors qu'il savait bien que je suis quelqu'un de confiance et respectueux.

Le problème c'est qu'avant mon arrivée en France, il avait eu, dès son installation, des problèmes avec les enfants de Violette pour le stationnement des voitures.

Les insultes, parfois, sortent dans ces moments de colère et restent imprimées à vie et c'est ce qui est arrivé. Pourtant il s'était excusé après.

Un jour, je lui ai demandé de m'emmener à la station-service, ma voiture n'avait plus d'essence, bizarrement car je suis attentif et j'anticipe toujours mes besoins. C'est la seule fois que je suis tombé en panne sèche devant la maison.

La toupie, qui aime circuler, hésite à accepter. Moi-même, peu enclin à demander de l'aide, je me dis que c'est la première et la dernière fois !

En réalité, je veux savoir si je peux compter sur lui dans un moment difficile. Sinon j'aurais appelé le dépanneur.

Il m'a proposé de monter dans sa plus petite voiture. Il en avait une très grande, Land Rover, un 4x4. Ce petit homme fluet aime les grandes machines.

Quand je me suis assis à la place passager, il a fait le tour de la voiture et a nettoyé près de mes pieds. J'étais surpris, puisque mes sandales n'étaient pas sales et que je n'avais pas fait entrer une miette de poussière. Démonstration de son toc.

Avant ce moment-là, je n'avais pas encore constaté son problème psychique !

C'est aussi le problème de sa mère et de son père de ce que je me rappelle.

Un homme comme lui, on n'a pas envie de s'en souvenir. Maintenant, il a déménagé sans nous prévenir et ça veut tout dire.

J'ai des voitures et je ne suis pas un homme qui frotte la carrosserie, chaque minute ! Lui, il ne faisait que ça.

Il s'occupait seul de son chien, un berger blanc, alors qu'il avait une femme et deux filles. Son emploi l'occupait toute la journée avec des astreintes d'urgences et dès qu'il rentrait, il commençait le ménage dans le jardin.

Sa femme lui crie dessus parfois ! je ne sais pas comment elle supporte un homme avec ce degré de maladie.

C'est malgré tout quelqu'un de gentil. Il ne cherche pas de conflits et parle à tous ceux qui passent dans la rue.

Quand il fait ses travaux, il parle. C'est une autre façon de bouger, comme on dit. Il travaille dur pour cacher ses tics.

Pour le chien, c'est un enfer. Il le sort tous les jours devant son garage en demi-sous-sol et commence à le laver et le frotter. Le chien, blanc, était un animal très propre et malgré tout, il lui met du shampoing des dizaines de fois.

J'avais mal pour le chien entre les mains de ce malade qui insiste sur les parties génitales !

Je crois qu'un chat ou un chien n'ont pas besoin d'être nettoyés car eux même font leur toilette. Ils sont propres naturellement.

Si on parle des microbes ou des bactéries qu'un chien ou un chat peut transmettre à l'homme, on choisit de ne pas avoir d'animal.

C'est bien d'être propre, mais la propreté exagérée affaiblit l'immunité et met le corps humain en risque de contamination.

Il faut laisser la nature faire son travail et renforcer les défenses de chacun.

Un jour, le pauvre chien est tombé malade et parti au paradis des chiens, comme on dit en France. La toupie y était pour quelque chose… à ce que je crois.

Il traverse une vie difficile et l'inflige à son entourage. C'est triste !

Les chiens du voisin à la queue de cheval étaient très agaçants !

Celui de la toupie, je n'ai jamais entendu sa voix, par contre ceux de queue de cheval, un enfer. Ils aboient tout le temps dans le jardin. On a le droit à un opéra. De pénibles musiques aiguës répétitives. Ouaf, ouaf, ouaf, des vocalisations pénibles.

Je crois parfois que c'est un homme qui pleure et gémit.

Quand il invite son fils et sa bru, ils viennent avec quatre chiens, des bergers allemands. On se retrouve avec une meute de chiens qui courent, aboient et se mordent.

Quand un passant frôle la clôture, il a droit à de grandes frayeurs. Les chiens sautent et essaient de passer par-dessus pour l'atteindre.

Tandis que le maître prend l'apéritif et échange avec ses amours !

Nous sommes débarrassés de la toupie et de son chien mais on subit toujours ceux de queue de cheval.

Un homme calme, réservé mais ses chiens pénalisent le quartier qui ne dit rien. Une pollution pour nos oreilles qui ont besoin du repos que l'on pense trouver dans les jardins et même les maisons.

Il reste des efforts à faire pour être des hommes civilisés !

Les chiens sont partout et personne ne pense à leurs nuisances aussi pénibles que les bruits de moteurs

Les voisins ne tiennent pas compte de ce qu'ils font subir. Ils entrent leurs voitures dans les jardins ou devant la porte et ferment les portières brutalement à plusieurs reprises.

Chaque fois, nos fenêtres tremblent. Nous sursautons dans notre maison, croyant à un tremblement de terre ou à du tonnerre !

Il y a aussi les musiques, le bricolage les jours fériés ou le dimanche… Ils font leurs travaux pendant les vacances quand les fenêtres sont ouvertes parce qu'il fait chaud.

Je comprends que la plupart des voisins font effectuer des travaux au black sans avoir de permis ou avoir prévenu la mairie !

C'est un choix à faire pour montrer qu'on est civilisé et qu'on n'est pas seul au monde.

Parfois, nous sommes tellement dérangés que nous sommes tentés d'appeler la police. Pour ne pas être les dénonciateurs et les faiseurs de mal, loi du talion, nous n'intervenons pas.

En marchant dans notre quartier, des chiens sautent partout sur les gens. À chaque maison, un chien. Il hurle alors le maître sort le calmer et crie plus fort que l'animal…

— Arrête d'aboyer, ça ne sert à rien !

Je le regarde sans rien dire. J'ai envie de frapper le chien avec mon parapluie mais je ne le fais pas. Ce qui nous sépare c'est un muret d'un mètre ou moins.

Le chien est capable de grimper un mur de quatre mètres et d'en sauter un autre de deux mètres. Ce sont des chiens policiers, géants, pas un caniche ni un chihuahua.

Et même un petit chien cherchera un trou pour sortir et mordre les pieds du passant !

Il essaie et je frissonne quand le petit chien, énervé, comme il est, court et crie pour que les maîtres l'entendent.

Il fait son travail naturel, mais il devrait avoir la chance d'être éduqué. Un passant dans la rue n'est pas synonyme de voleur ! Pas plus qu'un visiteur.

Si les voisins ne rentrent pas leurs chiens, on vivra l'enfer tout au long de la journée !

Ne parlons pas des poules et des coqs à l'aube en pleine ville. Ni des motos à la mode chez les jeunes et les vieux. On n'est pas aux États-Unis, cinquante états et des milliers de kilomètres en plein désert ! Mais non, c'est la liberté individuelle même le week-end !

Après la mort, la vie

On a perdu notre gentille petite chatte et il nous reste son petit Fiston que je sens donc orphelin !

La mort de La Fille fait émerger les souvenirs des êtres chers que nous avons perdus, et ce, des années après. On vit des jours difficiles et on pense, aussi, à notre mort. Peut-être que le défunt ne souffre pas de sa mort ! C'est le vivant qui a besoin de faire son deuil ! C'est le vivant qui vit la souffrance. La vie n'est pas si facile que l'on pourrait croire. C'est une période douloureuse.

Pour que la vie continue, on laisse aller et on oublie ! C'est la nature.

La mémoire estompe les souvenirs et le bonheur revient.

Fiston est chouchouté par quatre bras, ceux de son père et de sa mère adoptifs. On fait la course pour le tenir dans nos mains et l'entendre ronronner.

C'est un bonheur si apaisant. Comment un chat peut-il être heureux à ce point ? Il dort tranquillement et se laisse aller.

De temps en temps, il s'arrête devant la porte de la véranda où sa mère aimait se réfugier et dormir tranquille loin de nous. Quand je vois son stratagème, j'ouvre la porte.

Dès qu'il entre, il commence à renifler les affaires déposées là. C'est l'odeur de sa mère qui revient à sa mémoire. Je lui redis qu'elle est partie dans l'au-delà, mais a -t-il compris mes paroles ? Ma voix le calme.

Il avait senti que sa mère n'allait pas bien. Il ne la dérangeait pas et ne la provoquait pas.

Habituellement, il jouait avec elle et même quand elle le chassait et grognait, il recommençait. Elle finissait par s'enfuir au jardin pour trouver un lieu calme. Lui insistait et la rejoignait.

De temps en temps, je m'en mêlais et l'écartais pour qu'il laisse sa mère tranquille, mais souvent je les laissais faire ces animaux actifs et joueurs !

Un passe-temps pour eux, après leurs repas. Un sport de combat et un entraînement pour la chasse !

Les chats se préparent tout le temps à la guerre des clans.

Fiston renifle l'odeur de sa mère et se met à miauler fort, très fort ! Un appel et des pleurs. Peut-être qu'il ne comprend pas ce qui s'est passé.

Ils vivaient tous les deux à la maison et se tenaient compagnie.

Dans le jardin, ils ne se quittaient pas d'une semelle, pardon, d'une patte ! L'un sur la chaise et l'autre dessous. L'un sur le toit et l'autre sur la table du jardin. Au moment où Fiston se souvient que sa mère est absente, il se lève et part la chercher. Quand ils se retrouvent, ils se frottent tête contre tête puis se dirigent en chœur vers les gamelles.

C'étaient des scènes d'amour et de tendresse que j'apprécie et aime voir. Les chats vivent en paix, plus que nous.

C'est pour ça qu'on dit que la vie d'un chat est une vie de roi et que nous aimerions vivre comme des chats !

Bella et sa sœur

À la mort de notre chatte, j'ai commencé à craindre pour Fiston. Je pense à son départ et à ma souffrance.

Il est pour moi un pansement et un soutien pour évacuer la tristesse du deuil de La Fille. Sa mort fut rapide et une totale surprise pour Violette et moi.

Je ne le laisse pas seul longtemps et le surveille de près. Parfois, je l'empêche de sortir par peur qu'il sorte et ne revienne plus.

Quand il se promène, je le suis, une boule à la gorge en croyant qu'il lui arrivera malheur et que c'est la dernière fois que je le vois.

Je suis resté choqué par sa première disparition et je ne veux pas vivre la même chose une seconde fois.

J'ai pensé à adopter un autre chat, plus jeune que lui. Au cas où Fiston ne serait plus, il me consolerait. Comme si les chats me retenaient à la vic !

C'est une sensation bizarre !

La chance a frappé à notre porte, comme si Dieu m'avait entendu et répondait à ma prière.

Une petite chatte tricolore se baladait dans le jardin. Elle se cachait quand je passais puis réapparaissait et me suivait du regard. Ensuite, elle marchait derrière moi.

Quand je sors jardiner, je suis bien protégé par les bêtes.

Fiston se lève dès qu'il sent que je vais sortir. Il est le premier devant moi. Je pourrais tomber, avec les frottements de sa tête sur mes pieds.

Gare aux chats qui m'approchent. Je suis son père et il ne laisse pas sa place aux autres.

Cependant, Fiston n'est pas jaloux de la chatte écaille de tortue. Il la laisse me frôler et ne se bagarre pas avec elle. C'est une petite chatte très douce qui baisse la tête quand on s'approche, comme en signe de soumission.

Si Fiston râle et lui demande de garder la distance, elle fait profil bas. Elle cherche de la compagnie et un peu de nourriture.

De la bonne nourriture à volonté !

On ne pense pas au poids des chats, on ne les restreint pas. On s'en fiche tant qu'ils ne sont pas malades.

Un chat mange un peu et aime, à chaque fois qu'il a un creux, de quoi se remplir.

Chez nous, c'est le cas comme je vous l'ai déjà dit.

On lit ce que je dis dans mon livre « Le Portier des chats ». C'est le cas !

Belle est menue et toute douce. Elle fait des incursions dans le jardin puis disparaît. On ne sait d'où elle vient. Ce n'est pas la peine de se poser des questions, un chat vit toujours libre et ses occupations sont mystérieuses quand il n'est pas sous nos yeux.

J'ai toujours l'habitude de nourrir les pies voraces et d'autres oiseaux. Parfois des restes mouillés posés dans un plat ou encore de la viande en menus morceaux.

Un de nos arbres mesure une vingtaine de mères, semé par les oiseaux ou le vent. Un gracile bouleau qui frémit au vent. Des arbustes, peu taillés protègent les oiseaux de leurs prédateurs, nos chats.

Les pies ont fait de cet arbre un passage et leur guinguette quand elles sont fatiguées ou veulent être au calme. Notre maison est paisible. Notre jardin tendrait à l'être si de bruyants voisins, modernes et jeunes, savaient ce qu'est le respect des autres. Ceux qui viennent de très loin, des immigrés, comme moi, ne sont pas attentifs aux autres et travaillent, comme au bled, sans horaires ni vacances ! On est en France, mes chers !

Certains ont un naturel sonore et leurs enfants prennent la suite… Ils sont vexés quand on le leur dit, ils se calment un peu puis oublient.

La petite Bella apparaît dès que je sors. Elle m'approche et me réclame des repas comme le font mes chats.

Pour éviter d'être envahi par tous ceux du quartier, je ne fais pas de sentiment dès le début. Je mets de la distance et il faudra faire des efforts pour me fait bouger.

Comme toujours, je suis méfiant et c'est peut-être une erreur de comportement chez moi.

J'ai été souvent déçu par des proches que j'aimais et c'est pour ça que je laisse venir. Parfois, on réagit tard et on le regrette.

La petite chatte s'occupe de la gamelle dès que j'ai le dos tourné. Avant que les autres chats et les oiseaux familiers réalisent qu'il y a de la nourriture.

Elle est très rapide, même si elle est maigre et souffreteuse. Je la croyais malade, mais en fait, elle était très vieille, alors que je la croyais junior. C'est par la suite que je m'en rendrai compte.

Elle monte avec difficulté sur la table basse, en plusieurs tentatives. Parfois, ça me fait rire de bêtise, alors qu'il ne le faut pas.

À vrai dire je ne comprends pas ce qui lui arrive et c'est pour ça que je me moque. Si j'avais réalisé qu'elle était très vieille, je l'aurais aidée et je me serais occupée occupe d'elle plus que je ne le faisais !

Je n'ai rien commis de regrettable pour elle qui se plaît bien chez nous. Elle nous a adoptés et ne part plus chez ses parents.

Violette s'attache à elle, alors que moi, je la trouve très maigre et ça me plaît pas. Les femmes sont solidaires entre elles et elle a trouvé avec l'arrivée de Bella, une occasion de l'être. C'est pour ça qu'elle lui a donné un nom.

Ma femme a subtilement réagi pour que la chatte reste à la maison, en douceur, pour que je ne sente rien.

Je constate la relation entre elles, mais sans plus. Moi, j'ai mon chat et je m'en occupe, Violette aussi a besoin de la chatte, pour la câliner. Elle aime les chats doux et familiers.

Elle apprécie que Bella vienne sur ses genoux et s'installe. Si elle reste toute la journée, Violette n'est pas dérangée. Que du plaisir chez elle pendant qu'elle brode ou tricote.

Par contre, j'ai un « parcmètre » de stationnement, il ne faut pas rester plus de quelques minutes dans mes bras ou sur mes genoux. Je ne supporte pas de rester les jambes allongées quand je suis assis. Il faut que je bouge pour me dégourdir.

La petite Bella, vient me voir, mange ses croquettes ou sa pâtée et s'allonge sur Violette.

Parfois, elle se repose et dort près d'elle.

La chatte a vécu des années chez nous, me semble-t-il. ! Ceux qui aiment ne comptent pas !

Le temps et les années passent et on ne sait pas toujours pas d'où elle vient. Elle est devenue notre chatte, comme Fiston.

Ils ne se bagarrent pas ! Il l'accepte et la laisse faire. Elle sait quoi faire pour être acceptée, même par Fiston si sauvage !

Elle ne le frôle jamais et ne s'approche jamais de son repas. Elle le laisse manger et ensuite, elle finit le reste.

Il sait, vraisemblablement, qu'elle est malade. Les chats sentent plus que nous les pathologies. Ils ont un sixième sens. Quand l'un deux est gravement malade, ils le laissent tranquille et ne le dérangent jamais !

Un jour, j'ai constaté que Bella devient de plus en plus faible mais je ne comprends pas ce qui lui arrive.

Elle veut manger mais elle ne peut pas monter sur la petite table où sont posées de croquettes pour des casse-croûtes occasionnels, ce que la chatte préfère.

D'autres plats tout proches, par terre, ne l'attirent pas.

Elle fait des tentatives pour monter et n'y arrive pas. Elle n'a plus aucune force dans les pattes et ne peut plus sauter. Ses déplacements se limitent du canapé, au fauteuil, à une petite maison à chats et parfois notre lit où elle dort de temps en temps.

Nous commençons à nous inquiéter et on pense à l'emmener chez le vétérinaire.

La chatte faiblit et maigrit. Ses repas ne la renforcent pas et ne lui donnent pas d'énergie. Elle bouge lentement et se mobilise de moins en moins.

Un matin, elle ne peut plus bouger et ne veut pas manger. J'ai insisté pour qu'elle lèche la sauce, mais elle n'y arrive pas.

Elle pose sa tête par terre, comme si elle est trop lourde à porter. Elle tente de sortir au jardin. Après des dizaines d'essais, elle réussit et au milieu du jardin, elle s'installe sur un sentier qu'elle traverse d'habitude jusqu'au banc ou la table de jardin. Elle reste là.

Du salon, je vois sa faiblesse.

Nous nous préparons à l'emmener chez le vétérinaire.

Elle n'est pas à nous, a-t-on le droit de prendre des décisions concernant ses soins ? On prévient le vétérinaire de la situation, on ne veut pas laisser un animal souffrir sans l'aider et l'apaiser.

On nous demande son prénom ? On ne sait pas mais on l'a appelé Bella, dit Violette.

Le vétérinaire nous conseille de l'emmener à la SPA parce qu'il faut payer pour la soigner et que ce sera gratuit puisqu'elle n'est pas notre chatte.

— C'est notre chatte maintenant et on fera le nécessaire pour la soigner et nous paierons. Et nous ne voulons pas lui imposer un transport de plus, dit Violette.

Le vétérinaire accepte et ausculte Bella. On voit une inquiétude sur son visage, ce qui implique que nous aurons de mauvaises nouvelles.

Prélèvements, analyses, radios. Il dit que la chatte est mourante. Elle a un problème cardiaque. Il propose de la garder en observation.

Elle porte un tatouage dans l'oreille. On demande au vétérinaire de chercher ses parents. La chatte est arrivée de Sotteville, une ville proche. Mais personne ne répond au téléphone.

Nous laissons Bella en observation mais peu de temps après, le vétérinaire nous appelle pour nous prévenir que c'est fini.

Ainsi se termine pour nous l'histoire de cette chatte mais son souvenir est resté marqué dans nos cœurs à jamais.

Une surprise ! Le vétérinaire a trouvé la famille de la chatte qui accepte de venir la récupérer. C'étaient nos nouveaux voisins. La chatte est arrivée chez nous pour finir ses jours. Elle avait dix-huit ans…

Nous lui donnions cinq ans ! Comment savoir ?

Le voisin nous a remerciés d'avoir pris soin de sa petite belle chatte.

— Elle nous a adoptés et nous a donné beaucoup de bonheur durant les années qu'elle a passé près de nous. On la remercie pour ça ! dit Violette.

Le voisin a insisté pour nous rembourser les soins. J'ai refusé parce que je devais le faire pour Bella la gentille qui a passé avec nous des moments difficiles et d'autres de bonheur et nous a accompagnés en douceur.

Il a signé un chèque qu'il m'a obligé à accepter, parce qu'il ne veut pas laisser croire qu'il ne prenait pas ses responsabilités pour son animal.

La vie arrive et la vie part ! C'est la nature et c'est du chagrin quand les petites bêtes comme La Fille et Bella nous quittent.

Notre chatte Limonia

Le vide au départ d'un être cher puis la nature reprend sa vitalité ! Les uns s'en vont et d'autres arrivent…

Dès le départ de Bella la chatte des voisins, une autre beauté est arrivée !

Elle a la même robe. Orange, noire et blanche. Une écaille de tortue d'où son nom de Limonia, orange en arabe.

Elle est jeune et je ne me trompe pas, cette fois ! Très active, on dirait notre ex-voisin la toupie. Elle court et saute partout. Plus que ce qui est nécessaire pour un animal et même pour un homme.

On dirait une folle !

Elle est méchante, très méchante. Elle se bagarre tout le temps. Elle refuse la présence des autres chats dans notre jardin. Elle veut se réserver le lieu.

Il y a une différence, entre Bella et elle.

J'ai constaté sa présence, la première fois en entendant des grognements de chats dans le jardin. J'ai cru que Fiston entrait en guerre de territoire. Mais non, c'est la chatte écaille de tortue !

Ses guerres sont contre un autre chat que Fiston. Un gris qui vient s'imposer chez nous, comme je l'ai raconté. Cette fois, il ne pourra pas entrer dans la maison, car la nouvelle chatte adoptive, Limonia, le refuse.

À chaque rencontre, des poils de chat volent partout.

On entend les cris à deux kilomètres et je les déteste. Leurs miaulements déchirent le ciel. Ils font mal aux oreilles. Violette est choquée.

Quand j'entends ces cris de détresse, je prends le balai et je cours. Il me faut quelque chose à mettre entre les chats pour les séparer. Quand je m'intercale sans bâton, je suis mordu ou griffé aux jambes !

J'ai peur d'attraper des maladies graves mais je ne peux pas faire autrement. Je ne peux pas rester à l'écart quand deux chats se battent, il faut que je sorte les chasser.

Parfois, ils se bagarrent dans la maison. Ils entrent pour manger et quand ils veulent ressortir, ils se trouvent face à face. Ils ne peuvent pas s'échapper et le corps à corps commence.

Limonia nous prépare des événements qui laisseront Violette bouche bée !

La chatte occupe de plus en plus son nouveau territoire. Elle chasse tous les rôdeurs tant dans le jardin que dans la maison.

Elle a très rapidement réclamé sa pitance, la première. Dès que je bouge les boîtes de pâtée ou les sachets de viande, la voilà assise devant moi.

Elle repousse de ses pattes les autres chats, loin, très loin des assiettes.

Elle veut arriver avant Fiston, l'adopté le plus ancien et l'orphelin qu'il faut chouchouter.

Je n'apprécie pas cette situation et je la chasse un moment. Elle attend ou elle repart chez elle.

Je ne me sens pas obligé de la nourrir, ce n'est pas ma chatte et je ne sais même pas d'où elle vient !

Nous sommes habitués aux chats errants et on les sustente tous à condition qu'ils respectent la priorité, sinon, on aura la forêt des singes, la jungle !

La chatte répond à mon dictat et attend avant de manger. De toute façon, elle n'a pas le choix !

Je suis sérieux quand il s'agit du respect aux premiers habitants de la maison.

Fiston est désagréable, lui aussi…

Dès qu'un chat s'approche de son plat, il lui laisse tout et quitte les lieux. Il refuse, même de manger.

Il n'a pas l'habitude de se bagarrer pour son repas. Il arrive et réclame son plat. Quand il est prêt, il commence à manger et en laisse plus de la moitié.

Sa gamelle, personne n'y touche, sauf si un chat squatteur passe par là et finit les restes. Ce qui ne manque pas chez nous, de jour comme de nuit !

On voit certains chats et d'autres qu'on ignore. Comment voir les chats qui veulent rester secrets ?

Ils sont doués pour ça. Ils attendent, tapis tranquillement pendant des heures avant de sauter sur leur proie.

Je passe ma vie à lutter contre eux.

La nuit, j'entends la porte de la chatière claquer. Je crois que c'est Fiston qui entre alors je me lève. Ce n'est pas lui mais un affamé qui vient manger et repart.

Dès qu'il me sent bouger dans la chambre, il fuit.

Parfois, il s'échappe avant que je le voie. Parfois, j'aperçois son arrière -train.

Je vais moi aussi être malin !

Quand j'entends du bruit de croquettes dures broyées par les dents d'un chat, je me lève doucement et j'arrive pieds nus doucement jusqu'à lui.

Le chat se nourrit, la tête au fond du plat et le plaisir des croquettes le rend sourd et aveugle. De temps en temps, il regarde autour de lui s'il n'y a pas de prédateur.

Parfois, il se trouve museau à nez avec moi, tout près, quand je suis silencieux.

Je crie et je fais un geste de la main, comme si je jetais quelque chose sur lui.

Le chat saute et fuit rapidement. Parfois, il réussit à sortir et d'autres fois il cogne sa tête dans la porte de la chatière deux ou trois fois avant d'y arriver.

Je me comporte de cette façon, pour ne pas être la cantine de tous les chats du quartier.

Déjà, je ne ferme pas la chatière pour que mes chats puissent entrer et sortir à leur gré.

Je refuse de leur faire porter des colliers avec des aimants, en lien avec la porte, de peur qu'ils s'étranglent quand ils grimpent aux arbres ou passent les portails ou les grillages.

Mon choix m'oblige à chasser les intrus, trop nombreux, quelques fois malades et qui partagent, en les contaminant, toutes les gamelles

Je ne peux pas consulter sans cesse le vétérinaire mais je ne supporte pas de perdre des chats.

Parfois, je passe la nuit à surveiller les chats ! Je m'endors très tard.

À chaque bruit, je crois que quelqu'un entre cambrioler la maison, mais il ne s'agit que d'un chat !

Parfois, ce sont les miaulements qui me font sauter au plafond.

Un chat étranger entre manger et Fiston se trouve face à lui.

Le chat hurle pour faire peur à Fiston. Il hérisse son dos comme un serpent en montrant ses babines puis il bondit sur le visage de son adversaire.

Fiston lui, aussi réagit. Le cri devient de plus en plus fort et aigu, on dirait une moto qui accélère !

C'est à qui cédera le premier. Si l'un recule, l'autre saute dessus et le griffe avant de lui planter ses canines dans la partie la plus proche.

L'autre chat crie très fort de douleur et se défend, même s'il n'est pas de taille. Il tape des quatre pattes pour se libérer et fuir.

Les chats se tapissent au sol pour se protéger. Ils roulent comme une toupie et se retournent l'un contre l'autre en se mordant. Les cris effraient les alentours !

Je suis sûr que le bruit arrive à des centaines de mètres de chez nous.

Je cours pour les séparer et ma présence ne leur fait pas peur, parce que leurs échanges de coups sont plus forts que mon intervention.

Ils ne sentent plus rien, autour d'eux !

Je tente de protéger Fiston. Je m'intercale entre eux avec les pieds pour les éloigner alors les griffes se plantent dans ma peau. Je crie moi-même de douleur. J'essaie à nouveau et là, je prends un coup de croc.

Je mets de plus en plus de force pour les séparer. J'y arrive, le squatteur fuit et j'éloigne mon chat pour laisser à l'autre l'occasion de sortir.

Parfois, Fiston insiste à lancer un deuxième round avec l'adversaire. Il n'y a que les tapes pour le faire cesser. Il revient à la charge parce qu'il sent encore la présence de l'autre chat sur son territoire. Qu'il dégage !

Le chat arrive à sortir, après des essais, terrorisé et perdu. Il a également peur de moi. D'habitude, rien qu'à me voir, il file à pleins gaz, comme on dit pour les voitures !

De temps en temps, je constate des blessures sur Fiston. Parfois grave !

Il avait déjà subi une grande déchirure le long de sa cuisse. Il déteste aller chez le vétérinaire et se terre alors je l'ai soigné moi-même. J'avais peur de le perdre.

Il s'est isolé et refusait de manger. C'était l'enfer pour moi, je ne savais pas quoi faire.

Je l'ai emmené chez le vétérinaire car je sens que c'est très grave et je le vois mourant.

Penser à sa réaction quand je vais le porter, le mettre dans sa caisse de transport, et en voiture, le conduire, c'est un enfer pour moi.

J'avais peur de lui faire encore plus mal mais je n'étais pas sûr que la blessure se refermerait d'elle-même.

J'ai essayé de lui faire manger un peu de pâtée, sans succès. Puis boire du lait pour félin, même refus. Finalement, j'ai réussi à lui faire lécher un jus de boîte de thon ! C'est la seule chose qu'il a accepté de manger.

Depuis j'ouvre des boîtes de thon au naturel pour lui donner le jus.

Il faut le savoir.

Après le chat s'est remis et il a adoré le fromage en portions ! Depuis il m'en réclame en plus de son repas.

Il monte sur la table et attend que je lui donne le petit triangle de fromage. Aucun autre. Il lèche morceau par morceau dans ma main…

Dès l'arrivée de Limona, le jardin est devenu une arène, un lieu de combat. On dirait le Colisée au temps des Romains !

Des bêtes féroces et des hommes qui s'entredéchirent.

Elle a réussi à chasser tous les chats. Ceux qui attendent les repas des oiseaux. Chaque jour, c'est la fête au jardin.

Limona est toujours la première à l'intérieur comme à l'extérieur. Elle n'accepte pas d'attendre et cela m'agace.

Je l'ai chassée plusieurs fois mais elle n'en fait qu'à sa tête. Elle revient à la charge. Un seul chat a mes faveurs, c'est Fiston… C'est pour ça qu'il est privilégié. C'est le chat que nous avons choisi.

La chatte n'est pas stérilisée et on ne le sait pas. Elle n'est pas à nous et on ne peut rien faire pour elle.

La chatte enceinte

Limonia, l'écaille de tortue, est maigre et très petite. C'est une race qui ne grandit pas, même adulte.

De tête triangulaire et une bouche pointue ! Elle me fait bizarre.

Si Violette ne l'avait pas acceptée, je ne serais pas son maître.

Quand elle mange, je l'appelle le bulldozer ! Sa façon de s'alimenter est différente des autres chats.

Elle se pose sur ses quatre pattes, le ventre par terre. Elle glisse sa gueule dans le plat qui ramasse les croquettes comme si c'était une pelle d'engin et les jette au fond de sa gorge. Je la regarde manger bizarrement, elle me fait rire.

Elle n'hésite jamais quand elle voit un plat, elle se met devant et elle dévore. On dirait qu'elle est à jeun depuis des années.

Il n'est pas passé grand temps pour que Limonia soit gravide. Son ventre devient de plus en plus important.

Nous commençons à avoir peur qu'elle choisisse de mettre bas chez nous. On a prié pour qu'elle fasse ce cadeau à ses parents, qui, on le sait maintenant, habitent près de chez nous.

La chatte passe tout son temps chez nous, même la nuit. Elle a fait ses marques et pointe qu'elle est chez elle.

Le ventre s'arrondit de plus en plus. Violette et moi sommes en pleine réflexion !

— Que ferons-nous si elle donne naissance à ses petits chez nous ?

On croit toujours au miracle et espérons être épargnés.

Si on ne peut pas empêcher un humain conscient des conséquences, comment le peut-on envers un animal poussé par son instinct de vie ?

Si Limonia ne va pas à la rencontre des chats, ils essaient d'entrer par la chatière. Je les vire quand je les vois. Ils tentent une deuxième fois puis une troisième !

Je n'ai rien du tout à faire que ça, chasser les chats de mon jardin.

Ils attendent partout.

Devant la porte, sous les voitures ! Devant le portail, dans la rue, sur les murs des voisins… Les chats ne sont pas discrets ! Tous, en vue et à l'attente.

J'entends la chatte crier d'un miaulement rauque. Est-elle en bagarre avec un chat ? Je la trouve en position de reproduction !

Voyons voir !

Je la chasse du jardin, elle suit le mâle et ils partent chez les voisins. Ce ne sont pas les voisins qui seront dans l'embarras, c'est moi.

Je pense aux paroles de ma mère.

— N'adopte jamais une chatte !

Ce n'est pas de mon fait, c'est le fait de Violette. Et en plus, elle dit que ce n'est pas sa volonté, que la chatte s'est installée chez nous !

Enfin, ce qui devait arriver arriva et on ne changera le destin. L'histoire s'écrira, comme l'a voulu la nature.

Les comportements se sont calmés et je suis heureux de ne plus voir un chat et de retrouver notre quiétude.

La chatte est déjà pleine et il faut trois mois pour que cela se voie. Nous n'étions pas au courant, mais la vie nous apprend des choses.

Habituellement, les chats font leurs petits en pleine nature et on les voit quand ils marchent et viennent chercher la nourriture. Maintenant, il faut compter les jours et les mois et prévenir le vétérinaire.

— On aura bientôt des bébés ! dit Violette.

Les gens croient qu'une de nos filles est enceinte de jumeaux…

En Occident, comme en France, les maîtres fêtent les anniversaires des chats et des chiens.

Pas au Maroc, sauf les riches imitant les Occidentaux !

Qu'ils fassent ce que bon leur chante, disait ma mère. La vie les a gâtés ! Ils possèdent tout et ils ont du temps pour jouer et rigoler !

Et dire que certains ne trouvent rien à manger. Tandis qu'un homme aisé vient tous les deux jours chez un boucher, mon ami, au Maroc et achète quatre kilos de viande de bœuf pour ses chiens.

Il pouvait se le permettre mais il n'achetait pas pour lui. Que pour ses animaux.

Il a malheureusement fini par tirer dessus car l'un deux s'est énervé et lui a croqué la main. L'homme s'est soigné en France dans des hôpitaux spécialisés, car au Maroc, aucun service de chirurgie de la main ne pouvait réparer sa grave blessure.

Limonia est de plus en plus lourde et se déplace peu. Elle est fatiguée et mange quatre fois plus que d'habitude. Le bulldozer enceinte, je ne sais plus quoi lui donner comme surnom.

— Au moment de la mise bas, je l'emmènerai chez ses maîtres ! dis-je à Violette.

Ma femme refuse d'entendre ça. Elle sait que nous sommes piégés et que la chatte fera ses chatons chez nous.

Nous sommes restés, jusqu'à la fin, dans l'attente qu'elle nous quitte pour rejoindre son foyer initial chez des Marocains proches de chez nous.

Une fois, l'homme est passé devant la maison et a vu la chatte dans le jardin :

— C'est votre chatte ? d'une voix rauque et méchante

— Non, monsieur, on ne sait pas à qui elle est, répond Violette. Elle vient chez nous se rassasier et elle repart de temps en temps !

La femme et les enfants se sont arrêtés.

— C'est notre chatte, c'est notre chatte ! La voilà, nous qui croyions qu'elle a disparu.

Puis ils sont repartis…

On a compris qu'ils veulent se débarrasser de la chatte et ça, c'est une histoire qu'on connaître plus tard.

La chatte ne veut plus d'eux. Elle ne trouve pas suffisamment à manger.

Je connais des maîtres qui ne veulent pas donner de pâtées à leurs chats parce qu'elle sent fort. D'autres pèsent les croquettes par peur que les chats grossissent.

Chez nous, c'est à volonté, je le répète et la nature fait son travail. On a confiance.

C'est pour ça que c'est le paradis des chats !

À manger et à boire, et la chaleur des radiateurs quand il fait très froid à Rouen !

Que veulent-ils de plus pour être heureux ?

Les jours passent et Violette se prépare. Elle câline Limonia comme un enfant. Elle lui laisse une place le soir près d'elle et dans la journée dehors au soleil. La chatte prend des vacances avant de faire ses petits.

Dès qu'elle crie, Violette est à son service ! C'est la maîtresse de la maison, à trois mois et après la naissance.

Un jour, j'écrivais sur mon ordinateur, quand j'ai senti la chatte s'approcher de mes pieds. Elle s'est installée sur un tapis qui me sert bien quand il fait froid sur le carrelage.

La chatte me frotte fort. Elle ne sait pas ce qui lui arrive. Elle se sent mal, comme une femme en travail. À un moment, la chatte a commencé à crier, paniquée.

J'ai prévenu Violette que la chatte mettait bas.

Rapidement, nous avons posé du linge sous Limonia pour qu'elle puisse bien s'installer.

La chatte souffre de plus en plus.

Moi, bouche bée, j'attends assis, sans bouger mes pieds. Ils lui donnent chaud, et je fais attention de ne pas la toucher, ni lui faire de mal. La chatte se prépare à l'instant à sortir son premier chaton.

Une petite tête apparaît après des cris déchirant le ciel puis un petit chat de couleur noire est sorti

— C'est l'aîné ! dit Violette.

Le premier est devenu Esné.

La chatte a fait une pause d'une heure. Nous nous demandions si d'autres chatons allaient naître.

Violette cherche plus d'informations sur le net. Les chattes peuvent rester une journée avant d'accoucher d'un deuxième ou plus !

On fait le nécessaire pour que Limonia soit installée dans un lieu apaisant. Un carton tapissé de tissus.

On y a déposé la chatte et Esné direction la chambre, sous une table, près de notre lit. La même chose que pour La Fille notre première chatte.

Après deux ou trois heures, en voilà un deuxième.

Limonia miaule très fort. Plus que la première fois. Elle essaie de se déplacer, de marcher pour faciliter la naissance. Elle se sentait très mal et semblait paniquée. Le petit tarde alors la chatte se met sur le côté pour faciliter la naissance. La nature est bien faite, voilà le deuxième est sorti !

— Voilà Cad pour cadet ! dit Violette.

Un chat noir avec des taches blanches.

La chatte travaille. Elle lèche les petits pour leur permettre de bien respirer et pour les réchauffer. Elle leur donne le colostrum de ses mamelles puis elle a mangé le placenta. Les animaux ont rarement besoin d'aide.

On se dit que c'est fini, parce qu'on voit la chatte retourner à sa nature. Elle ne souffre plus. Elle apparaît calme et tranquille. Maternelle, pourrait-on dire.

Non, après un moment, rebelote.

La chatte miaule à nouveau très fort. Elle monte sur un carton au-dessus du sien et reste en haut. J'ai peur qu'il lui arrive malheur, à elle ou à ses petits. Je la cherche, accroupi et je la remets à sa place près des deux premiers.

Elle recommence à hurler, fort, très fort.

Nous nous demandons ce qui se passe. On a peur qu'elle y ait quelque chose de mal engagé. Une hémorragie ou un malaise après la naissance de ses bébés.

Un troisième sort. Plutôt une troisième, c'est une femelle écaille de tortue comme sa mère.

— Voilà Benja ! La benjamine, la dernière des naissances. La famille a grandi ! dit Violette, rieuse.

La croissance des petits chats

Au début, la mère a fait son travail avec bravoure. Elle s'occupait bien de ses petits. Ses chatons buvaient son lait. Elle était toujours présente, attentionnée et douce avec eux. C'étaient leurs premiers jours !

Après une semaine, sept jours très exactement, les petits ont ouvert les yeux et cherché à s'éloigner. Autour d'eux, à côté du carton, puisqu'ils ont réussi à passer la paroi. Ils tombent au sol ou derrière, entre les affaires entreposées et les espaces libres. Entre des sacs de laine et des livres !

Nous guettons et surveillons pour qu'il n'arrive rien de fâcheux aux bébés. Surtout pas qu'ils s'étouffent dans ce fatras.

Parfois, je cherche longtemps avant de retrouver celui qui s'est glissé entre les affaires.

Au bout de cette semaine, Limonia a éprouvé le besoin de se dégourdir la patte ou de faire ses besoins. Auparavant, son absence ne durait qu'une minute ou deux et cette fois, la chatte quitte un peu ses petits et prend du temps pour elle !

Quand elle sort, les chatons se sentent mal, ils ont besoin de manger et sans leur mère, la vie est difficile pour eux, même si on veille sur le groupe.

Je constate que le temps s'écoule avant le retour de Limonia alors je choisis de partir à sa recherche.

La chatte est dérangée par ma présence et mes ordres pour qu'elle rentre. À chaque fois, elle prend la fuite et s'éloigne de ma vue.

Il lui arrive d'être accompagnée d'un chat tigré qui n'est pas Fiston !

Un mâle non castré que je chasse de la maison ou du jardin, parce qu'il se bagarre avec le nôtre.

Je crois même que ce chat est l'un des fils de Limonia !

Son maître nous a dit que la chatte est partie de chez eux, en laissant ses petits alors qu'elle les allaitait.

On n'a pas compris cet homme. Nous le soupçonnions de mentir.

C'est vrai que nous avions vu des petits chats de deux mois ou moins autour de notre maison. Parfois, Limonia prenait contact avec eux et les léchait.

Nous n'avons jamais cru que c'était une précédente portée abandonnée chez ses maîtres, avant de s'installer chez nous.

J'ai réalisé que cette chatte quitte sa portée très précocement.

Elle s'éloigne de sa maison pour aller faire d'autres petits ailleurs comme nous l'avons nous-mêmes constaté.

Il est trop tard pour y remédier.

Maintenant, des chatons ont besoin de lait maternel et donc des mamelles de leur mère.

J'ai commencé à la chercher ! Elle s'est absentée deux jours, puis quatre et ensuite une semaine.

Je vois que Limonia aime fréquenter un chat roux dans le jardin, plus que ses petits. Ce chat est lui aussi un mâle non castré. Et Limonia est déjà en chaleur !

À mon arrivée, elle fuit et suit le chat roux. Je la rattrape et m'approche d'elle doucement, mais la chatte a compris ma façon de faire et prend le large.

Je cours derrière elle, en pyjama, comme un fou. J'ai honte que les voisins me voient dans ces habits incongrus. Je suis mal chaussé ou pieds nus dans la rue, en plein froid.

J'essaie de l'attraper mais elle suit le chat dans des jardins voisins, éloignés de moi. J'entends ses râles de débats avec le mâle !

J'ai compris qu'elle va nous faire une autre surprise…

J'étais sûr qu'elle viendrait mettre bas chez nous.

Elle se nourrit bien ici et ne peut pas s'en passer. Elle ne trouvera jamais autant de nourriture « chez elle ».

Esné, Cad et Benja miaulaient de faim. Mon angoisse montait, car je crois que les chatons vont dépérir.

Nous sommes allés voir le vétérinaire qui nous a remis des biberons aux tétines miniatures et du lait maternisé pour chat !

Nous avons préparé le matériel et donné à boire aux petits chats.

Par chance, Limonia est revenue au bout de quatre jours.

Je suis quasi certain qu'elle a été fécondée mais par quel chat ? J'en ai vu plusieurs se bagarrer pour l'approcher. Je ne sais pas lequel a pu faire son œuvre.

Nous n'avons plus besoin de lait artificiel. Limonia a nourri ses enfants.

Ils ont grandi, ils mangent des croquettes pour petits chats, enrichies en vitamines et autres éléments indispensables. Ils boivent aussi du lait pour chatons de moins de deux mois.

C'est pour moi une expérience inconnue.

Rien de tout cela n'est arrivé quand nous avons adopté La Fille et accueilli ses quatre bébés.

Limonia ne veut plus s'occuper de ses petits. Elle les a rejetés malgré mes tentatives pour qu'elle continue à les nourrir et les éduque.

Elle a commencé à les chasser en criant et en essayant de les griffer.

J'ai compris qu'elle ne voudra plus jamais d'eux. Les petits ont besoin de leur mère, jusqu'à trois mois. Je prends le relais et nourris Esné, Cad et Benja.

Limonia, par contre, je l'ai chassée. Qu'elle retourne chez elle, mais elle est restée dans le jardin.

Chaque fois que je pose de la nourriture pour Fiston qui ne mange que dans le jardin, elle vient et partage le repas.

Je ne veux plus d'elle chez moi. C'est une chatte qui délaisse sa progéniture qui n'est même pas sevrée. Et cela lui est habituel.

J'ai vécu une expérience dont je n'ai pas tout de suite compris la portée.

Un petit chat miaulait à fendre l'âme dans le jardin de mon voisin mitoyen. Le cri est celui d'un bébé, très très jeune.

Fâché avec ce voisin, je ne peux pas aller lui parler du petit chat. Il l'entend mais égal à lui-même, il ne fait rien pour le sauver. Il le laisse mourir de faim, parce qu'il croit que c'est le mien. Il est gêné que j'aie des chats, il fait semblant de ne pas l'entendre ou qu'il ne sait pas à qui il appartient.

J'ai observé par-dessus le mur et j'ai vu le petit chat qui crie surtout quand il m'entend bouger dans le jardin. Savait-il que je serais son sauveur et que sa mère vit chez moi ?

J'ai essayé de faire quelque chose. Il pleuvait et le chat miaulait de plus en plus fort.

J'avais entendu dire que d'autres voisins avaient perdu un petit chat de la première portée de Limonia. Devant leur maison, à quatre portes de chez moi, j'ai trouvé l'un des fils et je l'ai informé que le chat perdu est chez les voisins et qu'il pleure très fort. L'enfant a accepté de venir avec moi pour voir où c'était.

Il n'a pas hésité à sonner et à réclamer son chat.

C'est comme ça que j'ai réussi à sauver le petit félin, sans parler avec le voisin tellement bruyant. Chaque fois qu'on se parle, on s'agresse verbalement.

La chatte est restée dans le jardin. Elle entre en douce la nuit quand on dort. Elle mange et repart. Sa journée se passe dans le jardin ou dans les maisons des voisins.

Les chats ont bien grandi.

Nous avons décidé de les adopter tous les trois, pour ne pas les séparer, comme la première fois, avec la portée de La Fille.

Violette me demande d'emmener la chatte Limonia chez le vétérinaire pour la stériliser. Nous n'en avons pas le droit ! On connaît sa famille et on n'a pas le droit de la traiter sans leur accord. Les choses sont restées en l'état.

Un jour alors qu'il fait très chaud et ce n'est rien de le dire, j'ai entendu des cris dans le jardin.

Je ne sais pas d'où ils viennent. J'ai commencé à chercher partout. Je me suis mis à plat ventre pour regarder sous la voiture puis j'ai fouillé le garage.

À un moment, j'ai réussi à localiser le braillement. C'était sur le toit du garage !

J'ai pris rapidement l'échelle et je suis monté. Violette attend ce que je vais trouver.

C'est un petit chat de cinq jours, les yeux fermés et le cordon ombilical attaché à son ventre. Limonia est près de lui et ne veut pas le nourrir, ni s'approcher de lui.

C'est notre petit chat doré, Léo, le lion au pelage roux !

Je l'ai pris dans le creux de ma main doucement. Je suis redescendu et je l'ai montré à Violette qui croit que c'est un hamster.

Nous nous demandons ce que nous allons faire de lui. C'est un minuscule chaton qui ne peut pas vivre loin de sa mère.

J'ai cru que Limonia me suivrait pour s'occuper de lui, mais non !

Elle me l'a laissé et a pris la fuite. Elle n'a jamais cherché à le voir.

À cinq jours ! Comment faire vivre un chaton ?

Léo, mon petit chat doré

Quelle surprise ! Trouver ainsi un chaton nouveau-né.

Je ne sais pas quoi faire et même Violette, avec ses connaissances et son expérience des chats, est déroutée.

La chatte a pris la fuite dès qu'elle m'a vu prendre le petit.

J'ai senti qu'elle me disait de m'en occuper, qu'elle ne voulait pas de lui, incapable de l'élever. Toi, le papa, tu feras le travail, comme avec les trois autres, Esné, Cad et Benja !

Je me sens enrager et je tremble intérieurement. Je me suis adouci avec Limonia, pour qu'elle vienne le voir. Je l'appelle, comme d'habitude, et je lui demande de prendre son petit pour lui donner à boire.

— Mais à qui racontes-tu ton histoire, David ? comme disent les Marocains.

La chatte ne veut rien savoir. Elle est comme une plume au vent d'une tempête !

Elle court quand elle me voit et se cache pour ne pas que je l'attrape. Elle a peur. Sait-elle qu'elle a commis une bêtise ?

Avant ça, elle revenait à la charge tout le temps pour manger.

Cette fois, elle désire manger mais elle ne veut pas du petit !

Je ne sais pas quoi faire ni comment être utile pour garder le chaton en vie.

J'ai cru que les choses s'amélioreraient et qu'après quelques jours, la chatte reviendrait chercher son bébé, comme avec les trois autres, auparavant.

C'est un rêve ou un vœu pieux, car Limonia n'a plus jamais fait le moindre effort pour venir le voir.

Nous sommes allés chez le vétérinaire nous procurer des boîtes de lait pour un chaton de cinq jours et les biberons adaptés. Il nous a expliqué les dosages et les mélanges qu'il ne faut pas dépasser.

La nature est bien faite et ce que me demande le vétérinaire me semble difficile.

Il me montre une fois ou deux et me recommande de le faire sans erreur. C'est une action ardue pour moi. Je ne suis pas quelqu'un de doué avec les enfants, je suis mon instinct. Pourtant Violette m'a laissé faire, parce que pour elle aussi, malgré son expérience de mère et ce qu'elle a connu dans la vie, elle a le trac.

On ne joue pas avec la vie, même d'un animal !

Que faut-il faire ? Trouver un spécialiste ou quoi ?

C'est déjà onéreux pour le lait, les biberons et les gouttes pour soigner les yeux du petit chaton…

Nous devons faire le nécessaire pour que le petit reste en vie sinon nous devrons porter douloureusement l'échec. La décision est prise !

La chatte m'a laissé le petit, c'est à moi s'assumer tout ce qu'on peut faire dans une telle situation.

Que puis-je faire ? On trouve des difficultés à faire vivre les prématurés, comment faire avec un chaton, si petit ?

Je le tiens entre mes deux doigts. Tellement minuscule.

Il crie quand je dépose et se tait lorsque je le prends. Il trouve de la chaleur dans ma main, lui qui cherche celle de sa mère.

J'ai réussi à faire le mélange de poudre et d'eau pour la première fois. C'est le plus difficile ! Un examen du bac ou un concours pour un travail me rend phobique. Je me sens dans la même situation.

Il ne faut rien rater.

Après la préparation du lait, le contrôle de la température de l'eau et la quantité, il faut remplir la petite tétine pour lui donner à boire.

Quand on réalise quelque chose pour la première fois, on se trompe tous ! Surtout sans répétition, comme les astronautes sur la lune. Directement au travail !

Il y a beaucoup à apprendre ! Violette me regarde et ne sait rien, elle non plus, de ce qu'il faut faire.

C'est dans le détail qu'il y a le diable ! C'est dans la petite besogne que la sagesse existe ! Ne rien faire au hasard.

Il y a trois biberons. Je ne trouve pas d'explication et je n'ai pas le temps d'attendre, le petit chat crie de faim. Que je fasse vite, y compris poser avec mon doigt des gouttes de lait dans sa petite gueule.

C'est le travail d'une femme, surtout en Orient et pas celui d'un homme ! Il faut une main féminine pour mettre des douceurs dans une aussi petite bouche. Mes mains tremblent…

J'ai mis la tétine choisie sans réflexion, car il y en a trois et je ne comprends pas à quoi cela sert. Je crois que c'est pour d'autres fois quand la première sera vieille.

Non, je me suis trompé, et c'est après des jours d'expérience que je connaîtrai la vérité ! Les trois tétines sont de différentes tailles !

Comment vais-je comprendre ?

Quand j'ai voulu mettre la tétine dans la petite bouche du chat, je la sens très grande pour lui. J'essaie de pousser doucement pour la faire entrer. Léo refuse ! C'est la première fois qu'il tétera avec un biberon. Il manque l'odeur de sa mère pour l'attirer, le moelleux de la mamelle et d'autres secrets de la nature qu'on ne peut pas expliquer.

Le biberon n'a rien d'appétissant pour un bébé aux yeux fermés.

Il a confiance dans mes mains qui l'ont sauvé de la chaleur du soleil et de la faim.

Depuis elles sont restées un refuge où il se sent bien. C'est le paradis pour lui.

Le chaton est très petit et le manier entre mes mains est une difficulté. Il faut le tenir en même temps que le biberon. Ouvrir sa petite bouche pour y mettre le bout de la tétine.

C'est un enfer pour moi puis, dès qu'il réussit à téter, je suis joyeux.

En vrai, où est mon erreur initiale ?

Les trois types de tétines sont prévus pour différents types d'animaux ! Pour des petits chatons, pour des rats et pour d'autres, qui ont besoin du biberon quand la mère ne peut pas les prendre en charge.

Il aurait fallu que je choisisse la taille qui convient à Léo. Alors que j'ai utilisé celle d'un chiot…

C'est bête mais c'est ainsi chez les personnes qui font vite et qui n'aiment pas prendre le temps de lire les notices. Et même Violette, une lectrice rapide, n'a pas réussi à comprendre ni à m'aider, trop bousculée par son émotion.

Au moins, je reste calme. Je suis ainsi dans mes expériences de vie. Ma femme le dit : dans les moments difficiles, c'est ce qui m'aide à bien réfléchir et à prendre la bonne décision.

Mais la plupart du temps, elle résulte de mon instinct et je ne me trompe jamais.

Le petit chaton a bu le lait. La quantité de lait qu'il lui faut reste un mystère !

Le vétérinaire m'a expliqué qu'il faut le nourrir toutes les deux heures, jour et nuit. Alors il faut rester réveillé pour faire le nécessaire !

Violette m'a promis de se lever quand je dormirai. Mais elle a fait une vaine promesse… Au début, ça m'a encouragé et cela a calmé mon angoisse.

Une première nuit très difficile, avant d'être conscient du rythme du petit chaton.

Les choses vont bien. Je donne le biberon et j'essaie d'en faire plus pour qu'il soit en bonne santé.

Il faut qu'il boive bien son lait que je lui donne à chaque fois qu'il se réveille.

Après il faut faire le nécessaire pour qu'il défèque. Une chatte s'occupe elle-même de son petit. Elle lui lèche le derrière pour le stimuler.

Pour le maître que je suis, le vétérinaire m'a conseillé de prendre un petit papier doux ou du coton mouillé avant de le passer sur les parties génitales et l'anus du chaton.

Comme j'étais content quand il a fait la première fois !

Chaque fois, j'utilise des serviettes et je nettoie la saleté.

Les choses vont de mieux en mieux depuis que j'ai compris comment faire.

Il faut compter les jours et compter les quantités du repas ! Surveiller le poids du bébé, pour savoir s'il se nourrit bien ou non. C'est une clinique chez moi !

Le petit va bien ! Il boit son lait, fait bien ses besoins, grossit et grandit. Cent grammes par semaine, c'est ce que demande le vétérinaire. Je lui téléphone pour avoir des explications et de l'aide en cas de besoin.

Limonia ne vient plus à la maison. Elle circule dans le jardin, joue avec des chats et passe la journée heureuse.

De temps à autre, je la vois alors je lui montre son fils. J'ai cru qu'elle viendrait le voir dès qu'elle entendrait son cri d'appel.

Non, rien de rien ! Elle ne regrette rien ! dit la chanson d'Édith Piaf…

La maladie de Léo

Tout allait bien jusqu'à ce jour noir. Le petit chat a commencé à avoir de la diarrhée On ne comprend pas ce qui se passe.

Son derrière est irrité et très rouge ! Anormal. J'ai essayé d'en chercher la cause. J'ai rajouté un peu de poudre de lait pour le rendre moins léger.

Pas de changement.

Le chat maigrit, il se sent mal. Il boit bien mais on remarque des spasmes et puis il vomit.

Nous mettons Léo sous notre surveillance. Nous croyons à un petit refroidissement et que la santé redeviendra normale. Nous nous sommes trompés, tous les deux !

Cela s'aggrave et on le découvrira chez le vétérinaire.

Une grande et terrible surprise !

Le petit Léo devient de plus en plus maigre et son derrière est très gonflé. Cela ne me plaît pas du tout de le voir ainsi.

J'ai cru l'avoir irrité lors de sa toilette avec une serviette sèche. Je continue à être très attentif et à améliorer mes gestes, je veux que le petit soit à nouveau en bonne santé !

Il continue à manger et c'est ça ce qui le tient à vie.

Puis, à un moment, je sens que le petit s'en va !

Il ne bouge pas comme d'habitude et ne réclame pas activement son biberon.

Nous décidons de l'emmener chez le vétérinaire.

Auparavant, c'était facile. La clinique était proche de chez nous. À deux kilomètres, c'est à dire deux rues plus loin.

Tout a changé et nous ne le savons pas.

Quand on a une urgence, voilà les problèmes qui commencent. Une nouvelle complexité !

On ne prenait pas rendez-vous, on se présentait, on enregistrait le prénom du chat et notre nom. Après on attendait d'être reçu par un vétérinaire. Notre clinique de proximité est maintenant réservée aux soins et opérations prévus.

Cette fois, une jeune femme à la réception nous indique qu'on ne sera pas reçu sans rendez-vous.

C'est une claque pour moi ! Je n'accepte pas d'autant plus que le petit chat est très malade et sa santé précaire. Nous sommes un samedi ou un dimanche, les pires journées pour les soins.

J'insiste pour voir le vétérinaire ! D'habitude non, c'est non ! On n'est pas au Maroc, comme me le dit toujours Violette.

— Tu n'entres pas chez un médecin quand tu veux, à ton aise ! me dit-elle

Mais là, elle sait que je suis inquiet, comme elle, pour notre chat en danger. On fera tout ce qu'il faut pour le soigner rapidement. On a déjà roulé, une fois, plus de quatre-vingts kilomètres pour Fiston qui était fiévreux, un dimanche à minuit ! Nous obtenons des miracles.

— On agit comme des fous et ça réussit ! comme disait ma mère.

C'est vrai, c'est payant, mais pas toujours ! Mais de plus, il faut un savoir et de la diplomatie pour parlementer et réussir à faire admettre le chat.

La jeune soignante à la réception a eu pitié de nous d'autant plus que le chat est minuscule et souffre. Elle n'en voit jamais vu de si jeune en soins, car d'habitude les bébés sont en bonne santé et tètent leur mère au chaud.

Elle a eu l'idée, puisqu'il n'y a plus d'urgence dans cette clinique, de nous envoyer dans une autre de la même société. Loin, dans une autre ville à une quinzaine de kilomètres.

En voiture, c'est à un vol d'oiseau ! Nous nous promenons tous les jours autour de chez nous et là c'est notre balade habituelle. On la parcourt sans soucis. L'idée nous enchante, non, nous rassure.

Elle téléphone au vétérinaire qui, donc, nous attend.

À notre arrivée, nous remplissons un fichier avant d'être reçus.

Tout est noté, l'âge, le nom et le prénom, l'adresse…

On croirait préparer une pièce d'identité ! C'est le cas pour le chat, comme pour l'homme selon la loi française.

Il est 11 h !

La vétérinaire est une jeune femme et dès qu'elle a vu le petit chat, elle est restée bouche bée.

Après les examens cliniques, elle a besoin de faire des prélèvements et des radios. Elle constate une anomalie qui nécessite que le petit chat soit en observation pour au moins 24 h.

Obligés de laisser notre Léo et de repartir. C'est difficile de le laisser, catastrophique pour moi !

Je voudrais qu'on le soigne et rentre à la maison avec lui… Le laisser à la clinique veut donc dire que c'est grave ?

La vétérinaire nous promet de nous appeler avant midi pour nous donner les résultats et le traitement à mettre en place.

Nous sommes partis sur les berges de la Seine pour passer le temps en attendant l'appel. Nous étions inquiets et nous avions une prémonition. Quelque chose qui n'est pas bénin, selon nous.

Nous décidons d'acheter des hamburgers pour le déjeuner et de pique-niquer près de la clinique.

Mon portable sonne :

— Le petit Léo est gravement malade ! Il a le typhus !

Je n'ai jamais entendu parler de cette maladie sauf dans les prières de ma mère au Maghreb.

— Que Dieu te donne le typhus ! dit-elle à quelqu'un qui lui a fait du mal. Une grave maladie mortelle.

Surtout pour les chatons ! Quatre-vingt-quinze pour cent meurent de cette maladie ! J'ai le sang glacé.

Moi qui croyais que je retournerais à la maison avec mon petit chat, voilà qu'il risque de faire son dernier voyage. La chance de s'en sortir est mince !

J'étais terrorisé à l'annonce du résultat.

La vétérinaire nous promet de tout faire pour le soigner, mais ajoute qu'il faut se mettre dans la tête que le chaton peut mourir !

Après le choc, on commence à se motiver.

— Tant qu'il y a de la vie, il y a de l'espoir !

Mais comment se convaincre ? Le risque de perdre Léo est plus fort que la chance de guérir !

La déception nous broie le cœur et nous envahit de plus en plus. On se met à penser à la disparition de notre petit chat.

J'ai réussi à le sauver et alors qu'il commence à peine à manger et à vivre et je vais le perdre à cause de cette maladie diabolique ?

Le chaton doit rester hospitalisé sous perfusion.

Peu importe les frais, on décide de payer. On ne peut pas lâcher notre bébé pour une affaire d'argent.

— Quel qu'en soit le coût, je ferai ce qu'il faut pour qu'il vive ! Et s'il meurt, je ne regretterai pas ce que je fais pour calmer ses souffrances.

C'est mon devoir envers lui !

Il m'a choisi, il a crié pour que je le sauve et aujourd'hui je ne peux rien faire pour lui, sauf prier.

Chaque heure écoulée est un miracle.

La vétérinaire nous téléphone toutes les deux heures pour nous donner des nouvelles. Nous aussi, nous appelons le standard entre deux pour voir s'il supporte les médicaments !

Léo est sous antibiotiques et antidiarrhéiques.

Les doses sont minorées et la vétérinaire a fait de savants calculs pour les adapter à notre chaton.

Le soir arrive et les choses vont bien. Léo se bat comme un lion. Il devient le chouchou des soignants.

La nuit passe et Léo va mieux.

Le matin, nous téléphonons très tôt alors que la vétérinaire n'est pas encore arrivée. Nous attendons une demi-heure de plus ! Elle est en réunion avec le chef de clinique et les autres. Une autre demi-heure. Ils visitent les animaux hospitalisés.

Voilà, elle nous rappelle et nous annonce que le petit chat va bien et qu'il a supporté les soins. Il faut attendre une stabilisation de sa situation, avant de venir le chercher.

Il faut qu'il continue ses soins par sirops pendant un moment.

Elle ajoute que les assistantes aiment le petit Léo et qu'il s'est fait une place dans le cœur des soigneuses qui veulent toutes lui donner le biberon.

L'espérance nous envahit et on commence à penser que le petit chat survivra aux misères de la vie !

Les traitements à domicile

Après quarante-huit heures d'hospitalisation et de soins, la vétérinaire nous propose de venir chercher Léo et de le soigner chez nous.

C'est un jour de fête pour nous !

Violette est une femme d'expérience et solide devant les incidents de la vie, mais quand il s'agit d'enfants ou d'animaux en souffrance, elle est très sensible ! Et qui ne le serait pas dans ces circonstances ?

Avant l'heure, Violette et moi attendons devant la clinique. Dès que l'heure est arrivée, on s'est présenté !

Imaginez la joie des salariés de la clinique et des vétérinaires. Il y en a six, qui ne parlent que du chaton Léo !

C'est un miracle qu'il soit sauvé et une première pour eux.

Le petit va bien, nous dit la praticienne, mais il faut valider ses progrès et qu'il termine ses médicaments.

Il faut très bien doser les cuillérées dont la quantité est minime. Une goutte de trop, répétée, peut mettre sa vie en danger.

Violette reste loin des responsabilités, tandis que le papa qui est en moi met la main à la pâte.

Je m'angoisse quand je veux donner le traitement. J'appelle ma femme pour qu'elle m'assiste pourtant je n'ai pas besoin d'elle. Je connais bien les doses et je m'en assure.

Un doute me perturbe et fait trembler mes mains et même mon corps, celui du risque de me tromper.

On ne joue pas avec le vie d'un chat ! C'est sérieux. Et même un vétérinaire fait très attention quand il pratique.

Quand on voit le petit chat dans une main, sa taille et son poids, sa minuscule bouche ouverte avec confiance pour qu'on l'alimente et le soigne, on a la peur au ventre de lui faire mal.

Le premier jour fut le plus difficile. Les autres ont suivi avec toujours une grande précision et forte tension mais on commence à s'habituer…

Le chat se porte de mieux en mieux et il boit son lait avec appétence. Il grossit et grandit bien.

Je compte les jours et je veux que la semaine passe plus vite.

Le chaton n'a plus de diarrhée. Il fait ses besoins normalement, au moins une fois par jour !

Si le ventre du chat est gros, c'est qu'il n'a pas fait. Notre chat Léo a toujours un ventre rebondi. Gonflé et les gens le remarque, même dans la salle d'attente de la clinique. La vétérinaire nous a dit que ce n'est pas grave.

Peut-être un effet du typhus ?

C'est vraisemblablement Limonia, sa mère, qui lui a transmet la maladie. Léo, notre chat était le seul atteint, les autres chats, non.

On a pris rendez-vous pour les autres chats ! Un vaccin et l'examen pour savoir s'ils ont, eux aussi, le virus.

Restons vigilants, pour tous nos chats. Si des signes apparaissent, vite les faire soigner.

Le chaton est mis en quarantaine à la maison pour au moins quinze jours !

Aucun chat ne doit s'approcher de lui ou manger dans son plat.

Les autres chats n'ont que trois mois de plus que Léo. Ils sont, eux aussi, en danger de contagion et de ses conséquences.

Il faut éloigner le chat malade et nettoyer ses tissus et sa couchette. N'importe où, il circule, il laissera le virus. Si les autres viennent renifler la place ou passent par son chemin, ils seront malades.

La maladie infecte plus de deux ans un lieu où le chat malade est passé. C'est vraiment un casse-tête de s'occuper de Léo après sa sortie de clinique.

Je souhaitais qu'il reste à la clinique, avec nos visites mais c'est très onéreux pour quinze jours.

Heureusement, nous avons réussi à mener à bien ces soins, comme des spécialistes sans avoir fait de formation !

La volonté et la force de la nature de Léo nous ont aidés. Notre insistance pour sa guérison était sans faille.

Nous n'avons pas craqué. Même moi, qui avais peur de ne pas être à la hauteur, j'ai bien assuré, selon Violette.

Le chat grandit de plus belle. Un jour, la surprise ! Rebelote, il n'est pas en forme. Il manque de dynamisme et il est dolent.

Je ne comprends pas pourquoi il ne veut pas manger. Il recommence à avoir la diarrhée alors qu'on a arrêté les antibiotiques et le sirop pour ça.

Chez le vétérinaire !

— Encore toi ? demande la vétérinaire à Léo. Pourquoi viens-tu chez nous autant alors que tu es encore petit ?

Elle n'aime pas le voir malade. Pas plus que nous.

— Rien de grave ! Il faut lui donner encore le sirop. Un peu plus que la première fois. Et rien d'autre.

Nous sommes repartis soulagés de chez elle.

La santé de Léo s'est stabilisée et il a repris ses repas et sa croissance.

Pour un petit orphelin dont la mère ne voulait plus à cinq jours, il a finalement été gâté. Par nous, ses parents et par ses demi-frères et sœur.

Esné s'occupe beaucoup de lui. Il le nettoie jour et nuit.

D'habitude, c'est la mère chatte qui fait ce travail. Mais comme elle n'est plus là, je prends des serviettes mouillées et je le nettoie. Je les passe sur sa peau là où il a des puces.

J'ai aussi acheté un peigne pour ses poils. Des centaines de puces parsèment sa toison. Dès que possible je lui donnerai un traitement antipuces.

Maintenant fini le lait, il faut que Léo s'habitue à manger de la pâtée et des croquettes !

Notre bébé est devenu grand ! Il a un mois et ses frères et sa sœur ont quatre mois.

Notre Fiston est fâché

Fiston, mon premier adopté n'était pas dérangé quand Limonia venait se rassasier. Il l'a acceptée, mais sans plus.

Limonia était méchante avec tous les chats et se bagarrait avec eux, mais devant lui, si massif, elle restait douce. Elle avait peur de lui. Juste un coup de patte, il en aurait fait de la chair à pâté. Ce n'était pas le cas quand elle était enceinte.

Il sentait sentir quelque chose se passait mal pour lui, à la maison. Il a commencé à changer ses places de repos ou de protection de l'orage.

Il est venu s'installer sur la table, derrière mon ordinateur portable, où je travaille durant la journée. Parfois, il dort sur l'ordinateur.

Il me gêne et je le pousse un peu pour pouvoir travailler.

Fiston revient sur l'ordinateur dès que je me lève. Quand le portable est ouvert, il passe sur le clavier et « écrit » des lettres et des textes avec ses pattes.

Parfois, il manie des touches et me change les logiciels. Je passe des heures à remettre l'ordinateur dans son état initial. Quelle galère !

Quand Limonia a crié pour mettre bas, Fiston était terrorisé.

La chatte habitait avec ses petits dans un carton dans la chambre à coucher. Tout près de notre lit. Jamais plus Fiston n'est entré dans la chambre où il se cachait de l'orage.

Il ne vient plus me voir au lit, comme à son habitude, pour réclamer à manger ou dormir près de ma tête.

Il est fâché contre moi, parce que je m'occupe des autres chatons et de leur mère.

J'ai essayé d'en faire plus pour lui pour qu'il sente qu'il est le plus important de la maisonnée, mais il n'a rien voulu comprendre.

Je lui dépose sa nourriture, il la laisse et prend la fuite au jardin. Fiston ne veut plus de nous ni de notre repas !

Il sait qu'il y a de nouveaux chats dans notre chambre, rien de tel pour que le roi nous boude.

Il ne veut plus rentrer. Il passe la journée et la nuit dans sa cachette boisée. Pour manger, il se montre à la fenêtre et attend jusqu'à ce que je le vois et lui pose sa gamelle. Ensuite, il prend la fuite. Il n'accepte même pas que je le caresse.

Il feule sur moi et jamais il n'avait agi ainsi, auparavant.

Peut-être sent-il l'odeur des autres chats sur moi et cela l'agace. Il ne veut pas d'autres chats près de nous, autre que lui, le solitaire.

En fait, je constate que Limonia chasse les chats qui entrent la nuit ou la journée dès que nous avons le dos tourné !

Elle est devenue très violente envers les chats étrangers, elle défend sa progéniture. Depuis la naissance, aucun chat n'a osé entrer et Limonia est toujours là, en surveillance.

Je ne sais pas s'elle fait la même chose avec Fiston, mais j'ai pensé qu'elle le chasse, lui aussi. J'ai pris le temps pour comprendre et admettre la vérité. Je ne veux pas juger sans preuve !

Il a fallu que je la voie se battre ou chasser mon chat pour que je cherche une solution.

Fiston, le premier de la famille, reste prioritaire pour moi et je l'ai même dit à Violette. Si je suis obligé de donner les nouveaux chatons et leur mère à la SPA, je n'hésiterai pas à le faire pour que mon chat soit à l'aise chez lui. Lui, je l'ai choisi, elle, a des maîtres !

Je n'ai pas encore pris la décision de les adopter et c'est conditionné au comportement de Fiston.

S'il s'habitue aux nouveaux chats, ils resteront avec nous, sinon, ils vivront dans d'autres familles d'accueil !

Beaucoup cherchent des chats et paient même au marché animalier pour en adopter ! On ne trouvera pas de difficultés pour trouver des maîtres.

Fiston vit dehors une semaine puis un mois puis deux. Bizarrement, il déteste vraiment les orages et à chaque fois qu'il en sent l'arrivée, il rentre comme une flèche, en miaulant très très fort. Il cherche une cachette dans les armoires là où il entendra moins les grondements du tonnerre et le fracas de l'éclair. J'avais espoir qu'il se comporte ainsi une fois de plus. Non, je me suis trompé ! Il est resté dehors, je ne sais pas où.

Il ne supporte pas la pluie, non plus et malgré sa peur, il n'est pas venu !

J'ai compris que ce qui se passe à la maison est plus fort que l'orage et la pluie. Je crains qu'il nous quitte…

Violette me pose la question :

— Va-t-on adopter les chatons ?

Je ne réponds pas, muet comme une carpe, soucieux. L'adoption est conditionnée par la réaction Fiston et je n'ose même pas y penser !

La solution travaille dans ma tête. Je suis déboussolé par le fait que mon chat a quitté la maison. Je ne supporte pas.

Je cogite tout le temps des solutions. J'aimerais adopter les petits chats mais je ne veux pas que Fiston me quitte.

Je crois même que si les chats sont là, c'est une vengeance de ma femme. Je dis que c'est elle qui m'avait convaincu de laisser Limonia vivre chez nous donc elle est la cause de ce qui arrive. Mon chat m'a quitté !

C'est une réponse folle parce que ni Violette, ni moi, n'avions le choix d'adopter ou non Limonia. Elle s'est installée et même si on la chasse, elle revient au galop !

Je pense aussi à ces amies qui me disent d'adopter une autre chatte pour Violette. Ce sont elles les coupables qui ne savent pas, combien il faut faire d'efforts pour élever un chat !

Au début, c'est délicieux et après c'est amer, comme l'amour trahi !

J'ai évité longtemps le problème de l'adoption. Les chatons vivent là et leur mère aussi. C'est une réalité. Ils sont bien traités, comme je le fais avec tous les animaux que je côtoie.

Violette, elle-même, en témoigne :

— Tu es un bon père pour tes chats !

Je la crois mais mon chat vit toujours dehors. Qu'il soit loin de moi et qu'il ne vienne même pas me rendre visite, à table, au lit et dans le jardin, me manque et me brise le cœur.

Fiston était très câlin avec moi. Il me cherchait partout et venait se frotter à mes pieds, heureux, comme celui qui court vers son père revenant du travail ou de voyage, après des semaines d'absence.

C'était un bonheur incomparable !

Depuis la venue des autres chats, rien de tout ça. Le vide. Il apparaît pour réclamer à manger, sans faire d'effort vers moi. Je vois ses yeux tristes, fixés sur moi. Quand je lui sers sa nourriture, il mange, tourne la tête rapidement et fuit pour que je ne le touche pas. Il ne veut plus de contact avec moi.

Plus de trois mois ont passé et Fiston vit dehors.

Esné, Cad et Benja ont grandi et leur mère est partie courir l'amoureux et les a laissés chez nous.

Mon chat Fiston vit toujours dehors !

Le quatrième mois, c'est l'arrivée de Léo sur le toit du garage et le retour de la chatte dans le jardin. Mon chat n'est toujours pas décidé à rentrer.

Je dis que c'est fini, qu'il ne rentrera jamais. Ce qui me laisse un peu d'espoir, c'est qu'il vient toujours à la fenêtre réclamer son repas.

C'est le seul rendez-vous avec lui, pour le voir.

Parfois, je monte à l'échelle sur le toit pour le chercher dans le lierre qui couvre notre véranda. C'est sa place préférée !

Je croyais que Limonia le chassait, d'autant plus qu'elle se présente toujours la première pour manger que je dépose pour Fiston.

Je ne la laisse pas manger, d'autant plus qu'elle se sert dans toutes les gamelles. À l'extérieur, celle des hérissons, des pies et de Fiston et à l'intérieur celle de ses petits. Elle ne laisse personne manger tranquillement. Toujours son museau le premier dans les pâtées.

Puis Limonia est devenue « enragée » ! Même ses petits, elle veut les dévorer. Elle n'a plus l'air de les connaître.

Violette dit qu'elle agit ainsi pour éviter la consanguinité.

La chatte est peureuse parce qu'elle ne veut pas voir Léo. Elle commence à me fuir et ne vient que pour manger.

Elle, aussi, s'est installée sur le toit du garage. Parfois, elle disparaît, comme repartie chez ses maîtres ou dans une autre maison pour faire d'autres bébés !

C'est sa façon de faire.

Ses petits ont maintenant quatre mois. Ils sont castrés, mais elle ne l'est toujours pas.

C'est un enfer ces jours, tous ces jours où mon Fiston vit dehors.

Et puis un jour, le bonheur est revenu ! Une surprise, à laquelle je ne pensais plus.

L'été nous a quittés et l'hiver a pris sa place. Il faisait froid, si froid !

Fiston se présente et réclame pour entrer en grattant la fenêtre et en m'appelant.

Dès que j'ai ouvert, il a sauté dans la maison et est parti s'engouffrer dans son lieu préféré pour dormir.

Depuis, il ne quitte la maison que pour ses besoins ou sa promenade. Une vie de chat ! C'est tout du bonheur.

Alors que je commençais à penser à un comportementaliste animalier pour aider Fiston à vivre chez lui avec de la compagnie humaine et féline.

La disparition de Limonia

La chatte Limonia n'est donc pas stérilisée. Elle recherche des mâles régulièrement ou ce sont eux qui la fréquentent lors de ses chaleurs.

J'envisage d'aller chez ses maîtres pour qu'ils la gardent chez eux ou qu'ils nous la confient officiellement. On la ferait opérer pour éviter trois ou quatre chatons tous les trimestres.

Les nouveaux voisins commencent à se plaindre d'elle. On a dû leur expliquer que ce n'est pas notre animal et que leurs maîtres habitent de l'autre côté de la rue. Ils ont dit qu'ils feront le nécessaire pour régler le problème. La chatte les dérange.

Quelque temps après, Limonia ne se montre plus. On ne sait pas ce qui lui est arrivé.

Violette pense qu'elle est morte et j'y crois, moi aussi.

Qu'elle ne vienne pas nous rendre visiter et disparaisse à jamais, quelque chose de grave est arrivé.

Ses parents vivent toujours là. Lorsque je passe devant chez eux, je regarde attentivement si je vois la chatte. Rien de rien !

Ce que nous savons, d'après ce qu'a dit le vétérinaire, pour Léo, la chatte avait le typhus et a transmis la maladie. D'autant plus qu'aucun de nos chats ne l'avait et on a fait faire les analyses de sang et les vaccins nécessaires pour l'éviter. On croit qu'elle est morte de sa maladie, le typhus. C'est sans doute la raison qui lui a fait abandonner Léo sur le toit. Elle le savait malade.

Je maintiens toujours l'espoir de la voir.

Léo est grand maintenant, c'est un chat junior. Il fait des « misères » à ses frères et sa sœur qui s'en occupent depuis sa première semaine. Ce sont eux qui le toilettent et l'éduquent. Il en fait autant pour eux et les chahute ou les course.

Mon rôle de père humain est en cours. Je lui donne à manger et à boire et je le surveille pour qu'il ne se blesse pas ou qu'il ne tombe pas malade.

Léol va bien, il est en bonne santé comme dit la vétérinaire. Rien ne lui manque, ni à lui ni à sa fratrie.

Ils sont admirés et les voisins les dorlotent à l'occasion quand ils passent d'un jardin à l'autre. Ce sont les rois du quartier et personne ne se plaint d'eux.

Surtout Esné, celui qui est très aimé. Il est un peu timide et hésite avant de s'approcher des étrangers. Cad n'a peur de personne. Il est très câlin. Même avec le facteur qui vient pour la première fois livrer un colis. Monsieur Cad s'approche et s'accroche à ses jambes en douceur.

J'ai peur pour lui, car il ne faut pas trop s'approcher d'un étranger, même gentil.

Benja a une voix mince, ténue, comme un bébé. Écaille de tortue, elle est courte sur pattes et ronde. Elle n'aime pas dormir sur nos genoux mais choisit d'être tout près.

Le matin, dès l'aube, je suis levé. Les quatre chats dorment à nos pieds. Dès six heures, ils viennent nous pousser pour nous réveiller et qu'on serve les repas.

Benja, préfère souvent le canapé du salon. Une place près de Violette dans la journée, ce qui la tient éloignée des autres qui la dérange parfois.

Durant la journée, les chats courent partout dans le jardin et chassent les oiseaux. La nuit, aussi. Cad et Esné aiment s'accrocher de leurs griffes et escalader les poteaux téléphoniques en bois pour chasser les pigeons !

Quand je sors tôt, le matin, je le vois faire.

Les arbres du jardin eux aussi témoignent de l'activité de nos chats.

Du bonheur partout.

Fiston est calme et moins solitaire. Il s'énerve toujours contre les chats lors des repas. Eux, qui mangent en groupe, s'étonnent de la réaction de Fiston. Des frangins gourmands dont il se passerait bien.

Nous sommes heureux avec nos chats que l'on ne donnerait à personne, pour toute la fortune du monde.

Le « petit » chat Léo est tonique, beau et affectueux. Gourmand, il a le premier la gueule dans le plat, comme sa mère Limonia.

Ses frères le laissent faire, parce qu'il est leur petit. Ils s'occupent encore de lui et le lèchent au long de la journée. Il est le prince de la maison, après le roi Fiston.

Voilà, une histoire qui se termine bien !

Non, elle n'est pas finie car il y a encore de la vie et d'autres contes à écrire.

La suite… et la vie continue !

Imprimé en Allemagne
Achevé d'imprimer en août 2023
Dépôt légal : août 2023

Pour

Le Lys Bleu Éditions
40, rue du Louvre
75001 Paris

www.ingramcontent.com/pod-product-compliance
Lightning Source LLC
LaVergne TN
LVHW050313160826

845677LV00014B/3378
9791042203832